文化决策参考

（2016）

The Reference of
Cultural Development`s Decision
Making (2016)

首都师范大学文化研究院 编

社会科学文献出版社
SOCIAL SCIENCES ACADEMIC PRESS (CHINA)

前　言

首都师范大学文化研究院于2012年2月建院，其自我定位是智库型文化研究机构及研究服务平台，办院宗旨是为首都及国家文化建设提供决策咨询服务。

研究院的内部刊物《文化决策参考》作为研究院的主要机关刊物，其编辑方针充分反映了研究院的上述自我定位和办院宗旨。刊物从研究院伊始即开始编辑出版，到现在已经出版54期。该刊以决策建议或调研报告的形式，从顶层设计的高度研究国家和北京文化发展面临的重大理论与实践议题，为市委、市政府的文化决策提供学术支持。刊物直接上报市委、市政府和其他管理部门，有效实现了学术成果向政策建言的转化。

2016年度的《文化决策参考》秉持文化研究院的一贯宗旨，其选题与研究方法力求前沿性、实证性和前瞻性，密切关注中央和北京市的文化政策导向，关注北京市的全国文化中心建设进程，通过第一手资料和扎实的个案分析，积极回应国家与北京文化发展的最新动态，为政府的文化政策提供智力支持。所选文章的具体内容涉及北京全国文化中心建设和当下文化建设的各个重要方面，比如，历史名城保护、文化创意产业发展、公共文化服务、网络文化监管等。

为了让《文化决策参考》上发表的文章被更多的读者看到，更好地发挥其社会影响力与决策影响力，我们按照惯例以图书形式编辑出版 2016 年度《文化决策参考》，期待得到各级领导、同行和社会各界的积极回应和批评。同时，我们也诚挚希望大家继续关心《文化决策参考》今后的编辑出版，踊跃投稿，为繁荣首都文化事业共同努力。

首都师范大学文化研究院

2017 年 7 月 20 日

Contents 目录

发挥北京作为全国文化中心的风向标和引领作用 ………… 程正民 / 1
北京应在全国文化建设中发挥示范作用 ……………… 李建盛 / 7
提高北京"文化中心"影响力的建议 ……………… 郑以然 / 14

重视发挥公益性文化单位在经济发展中的作用…………… 祁述裕 / 27
社区图书馆标准化建设的突出问题与对策……………… 杨永恒 / 34
以网络发展推动"开放政府"的治理转型 ……………… 贾 开 / 47
推动大数据环境下的政务信息资源开放………… 王东宾 蒋余浩 / 55
从"Peer to Patent"项目看开放政府治理机制 …………… 冉 成 / 65

以文创产品开发助推公益性文化单位管理体制改革……… 祁述裕 / 73
创新文博创意产品开发机制应让文物"活起来" ………… 彭跃辉 / 79
推动文创产品开发亟须破除"身份禁锢" ……………… 阮 可 / 85

非遗保护应抓住弘扬优秀传统文化的重心………………… 周小璞 / 89
非物质文化遗产生生不息的动力在于创新……………… 李荣启 / 95
非物质文化遗产保护应注重系统性 ……………………… 刘魁立 / 101
北京非遗保护立法的突破契机 …………………………… 郑长铃 / 105

正确理解与应对网络谣言 …………………………… 陈国战 / 109
抗议性谣言的大量出现及其治理 …………………… 雷　霞 / 114
网络传播中的谣言与治理 …………………………… 胡　凌 / 120
推进网络舆论场的供给侧改革 ……………………… 喻国明 / 128

北京国际电影节的定位及发展策略 ………… 罗　赟　夏培程 / 133
北京惠民文化消费政策的效果评估与提升
　　建议 ………………… 蒋　璐　陈书毅　何建宇　杨景兵 / 143
制定人工智能发展规划有利于北京建设科技创新
　　中心 …………………………………… 张　翔　宋一之 / 158
北京文博会可在人工智能领域有所突破 ……… 王东宾　贾　开 / 168
以大数据管理创新助推人工智能
　　发展 ………………… 穆　勇　蒋余浩　王　薇 / 175
面临互联网挑战的广电领域需要管制方式的变革 ……… 孙佳山 / 183
应注重扶持原创电视节目 …………………………… 吴闻博 / 190
中国综艺节目转型及其特征 ………………………… 盖　琪 / 196

发挥北京作为全国文化中心的风向标和引领作用

程正民[*]

摘 要

全国文化中心要建设的不是一般意义上的文化，而是社会主义的先进文化。全国文化中心要在全国引领的，是具有社会主义内容的、具有时代特色的文化，它要加快建设的是社会主义先进文化的引领高地。

要在保护北京传统的同时，对它进行改造和提升，赋予它全国普遍意义和时代特色，使它动起来、活起来，融入当代生活中；也要十分重视创造北京文化的新传统和新符号，它们既要体现北京特色，又要对全国乃至全世界产生影响。

要发挥国家文化中心的风向标和引领作用，不能只靠行政手段和行政权力，要充分注意按照文化本身的特点、按照文化建设本身的规律来进行。在国家文化中心建设方面切莫只追求一时的政绩，而要为子孙打造影响久远的城市文化符号、文化品牌和文化精品。

在建设国家文化中心时，也要十分关注各地文化发展对国家文化中心建设的积极作用。北京全国文化中心的建设既要落到实处，有各种具体的举措，也要高度重视文化理论研究，在这方面下大功夫，争取有所进展、有所突破。

---

[*] 程正民，北京师范大学文学院教授，文艺学研究中心研究员。

全国文化中心的建设要有全国的眼光，既要考虑北京作为全国文化中心对全国文化的发展、对北京文化的发展应当起什么作用，也不可以老大自居，忽视地方文化对文化中心发展的作用。全国中心文化的发展和地方文化的发展是一种互动关系。

北京市"十三五"规划明确指出，"北京作为全国文化中心，文化发展具有风向标和引领作用，必须更加自觉地服务于国家文化发展的大局"。问题是，全国文化中心的建设主要应当在哪些方面实现风向标和引领的作用，应当以什么方式实现这种作用，如何才能实现这种作用。

一 "北京精神"：北京文化走在全国前列的经验

全国文化中心要建设的不是一般意义上的文化，而是社会主义的先进文化。全国文化中心要在全国引领的，是具有社会主义内容的、具有时代特色的文化，它要加快建设的是社会主义先进文化的引领高地。这种先进文化的建设涉及文化的各个领域，包括教育、文化、艺术等多个方面。多个领域的文化建设尽管有不同的内容，但其核心是培育和践行社会主义核心价值观。北京作为全国文化中心，要成为全国先进文化的引领高地，在培育和践行社会主义核心价值观、促进物质文明和精神文明的协调发展等多个方面，应当走在全国前列。

北京在这方面所发挥的风向标和引领作用的经验，很值得总结和发扬。前些年北京首创"北京精神"，一共八个字："爱国、创新、包容、厚德"。很快全国各地便报出各地的"精神"，北京在精神文明建设方面确实起了风向标和引领作用。后来中央提出了"富强、民主、文明、和谐；自由、平等、公正、法治；爱国、敬业、诚信、友善"的社会主义核心价值观，这"二十四个字"出来以后，"八个字"在北京街头就不见了，就很少有人再提它了。"北京精神"的提出，对"社会主义核心价值观"的形成肯定起了作用。两者究竟是什么关系，有了"社会主义核心价值观"还要不要"北京精神"，这个问题很值得思考。

二　北京文化应致力于确立在全国的普遍性意义

进行全国文化中心建设，保护北京的传统文化固然重要，但不能只限于保护北京的传统文化。一方面，要在保护北京传统文化的同时，对它进行改造和提升，赋予它全国普遍意义和时代特色，使它动起来、活起来，融入当代生活中。另一方面，也要十分重视创造北京文化的新传统和新符号，它们既要体现北京特色，又要对全国乃至全世界产生影响。也就是说，我们既要有长城、故宫、四合院，也要有鸟巢、奥运会、神舟飞船。只有这样做，才能发挥全国文化中心的风向标和引领作用，也才能推动全国文化中心与全国政治中心、国际交往中心、科技创新中心的有机融合。

这里以文化的重要因素——语言为例，来说明这个问题。北京话是北京的重要文化因素，也是北京重要的文化符号，它具有很强的文化软实力。但要发挥它的功能，发挥它的引领作用，需要对它进行改造和提升。新中国成立后，中央提出在全国推广普通话。普通话以北京话为基础，但并不等于北京话，它要去掉北京话中的土话、俚语，经过锤炼，使之规范化。只有规范化了的普通话，才能在增强民族凝聚力、维护国家统一、扩大中国的国际影响力方面发挥重要的作用。

这种文化软实力以往并没有得到足够的重视。文化关乎民心，国家的统一和民族的团结首先是语言文字的统一。抗战胜利后，台湾回归祖国，以北京大学著名语言学家魏建功为首的一大批语言学家到台湾推广普通话；"九七"香港回归前后，北京师范大学中文系在香港和浸会大学联合举办普通话教师培训班：都是为了增进民族情感。今天我们走向世界，在全球办孔子学院，进行汉语教学，是塑造中国形象的重要举措。

三　发挥引领作用需以长期努力培育品牌

要发挥国家文化中心的风向标和引领作用，不能只靠行政手段和行政权力，要充分注意按照文化本身的特点，按照文化建设本身的规律来进行。能否认识到这点关乎国家文化中心建设的成败。以往这方面有许多经验教训值得我们总结和汲取。

文化是柔性的，不是刚性的。文化活动和发挥文化的作用，更多的不是靠行政命令，不是靠群众运动，而是靠风向的引领，它不是暴风骤雨，轰轰烈烈，而是潜移默化，润物细无声。1958年"大跃进"，许多地方人人写诗行，村村搞比赛，看似轰轰烈烈，结果很快偃旗息鼓了。前些年，一些地方不顾文化教育发展的特点和规律，大搞高校合并和高校航母，完全忽略高校的个性和特色，其结果是带来不少问题和弊病，也不是真的与国际接轨。其实，西方不少名校规模并不大，而是很有个性和特色。

文化是一种长期的积累，它的影响也是久远的。国家文化中心的建设不应当只追求立竿见影，不应当急于求成，而要做长期的、艰苦的努力。只有这样做，它才能有长远的影响力。北京重要的文化符号，像同仁堂、全聚德这样的商业品牌，像北大、清华这样的名校，都有百年的历史，是百年老店、百年老校。唯有百年的积累，百年的磨炼，才能打造出名牌和名校。我们在国家文化中心建设方面切莫只追求一时的政绩，而要为子孙打造影响久远的城市文化符号、文化品牌和文化精品。

四 文化中心建设应注重吸纳地方文化

下面再谈谈地方文化对文化中心的作用。在建设国家文化中心时，不能只关注、只强调国家文化中心对全国各地文化发展的风向标和引领作用，不能夜郎自大，要十分关注各地文化发展对国家文化中心建设的积极作用。历史地、实事求是地看，在文化领域，北京文化并不是全面和处处起风向标和引领作用，全国各地的文化在有些方面、在有些时候，也起过风向标和引领作用，也对北京文化的发展有过积极影响。

从文化的发展规律来看，一个时代的文化是多元的有机统一体，一个时代的文化既是多元的，又是互动的。文化发展的动力在于多元和互动，它的阻力则是单一和封闭。俄罗斯著名的思想家和文化学家巴赫金就倡导这种多元互动的整体文化观。他特别提出，在文化转型期，一个时代的新文化的形成，必须得到民间文化的支持。文艺复兴时期的新文化，如莎士比亚、拉伯雷等人的文学创作，就得到了民间笑文化、诙谐文化的支持，因为后者所弘扬的平等对话精神和更新交替精神，是与中世纪的封建观念相对抗，而与文艺复兴的精神相一致的。钟敬文先生也讲过，五四新文化运动时期对中层文化（市民文化）和下层文化（民俗文化）的弘扬，比如提倡白话文、赞扬口承文学、肯定优秀通俗小说等，从根本上讲都是五四新文化运动的有机组成部分，它们所体现的反封建的民主主义精神，是同五四新文化运动精神完全一致的。从这个意义上讲，同民间文化对文艺复兴的支持一样，"五四"弘扬传统的中、下层文化也是对五四新文化运动的强大支持。

历史地看，在我国社会发展的多个时期，特别是在社会发展和文化发展的重要转型期，我们既要看到北京文化的风向标和引领作用，也要看到地方文化对作为中心的北京文化的积极影响和强大支持。新时期是中国政治、经济、文化的重要转型期，在这个时期可以看到许多重大的社会变革。重大社会变革并不都是从中心启动的，而是起于地方。新时期中国经济的重大变革不是始于北京，而是起于安徽小岗村的包产到户，起于广东深圳经济特区的建立。文化变革的情况也是如此。当年北京固然出现了一些体现文学新观念的小说，如《班主任》《受戒》《爱是不能忘记的》等，但地方文化对中心也有很明显的促进和冲击，例如，流行歌曲、摇滚乐来自改革开放的前沿深圳；朦胧诗的讨论、新的美学原则的崛起来自福建等。从思想观念来看，广东、福建沿海一带所具有的传统的开放、拼搏精神，对北京的传统观念也有很大的冲击。北京人以前把临街的店面租给外地人去经营，去挣大钱，而自己只靠收有限的房租过清闲日子，后来也懂得由自己来经营，来挣钱。

这些年我国经济发展得很快，文化也发展得很快，但经济理论研究、文化理论研究相对滞后，我国经济发展速度居世界前列，取得举世瞩目的伟大成就，但我们的经济学理论研究得不了诺贝尔奖。理论研究的滞后，理论研究没有重大的突破，反过来也会影响经济的发展和文化的发展。北京全国文化中心的建设既要落到实处，有种种具体的举措，也要高度重视文化理论研究，在这方面下大功夫，争取有所进展、有所突破。这是一件十分艰难的事情，但很值得去做。我们虽然不求立刻有什么重大建树，但期望通过理论研究能对文化中心的建设起到积极的作用。

北京应在全国文化建设中发挥示范作用

李建盛[*]

摘　要

新中国成立以来，北京全国文化中心的定位，是依据首都城市的性质和功能来确立的，经过了一个曲折发展、转变完善的历史过程。前30年的定位不准确，导致城市文化资源的破坏、城市历史文脉的断裂。总结经验和教训，才能更好地规划和建设全国文化中心。

应充分认识北京的全国文化中心性质，明确全国文化中心职能。强化文化建设总体地位，重视城市整体协调发展。把握全国文化中心内涵，发挥首都文化资源优势。提高首都文化发展规划水平，增强首都文化建设的战略意识。

北京作为全国的文化中心，应体现国家文化价值导向和国家文化的发展方向，在全国文化建设中发挥示范作用，在国际文化格局中体现国家的价值取向和首都的话语权地位。北京应该是引领文化创新发展的城市，是在国际城市体系中具有重大影响力和竞争力的文化城市。

---

[*] 李建盛，北京社会科学院文化研究所所长、研究员。

一 新中国成立后北京城市规划中的文化定位演变

从新中国成立到改革开放以前，北京全国文化中心的性质定位，虽然在某种程度上一直沿用，但在近 30 年中北京作为全国文化中心的内涵不够丰富，结构不够完整，甚至文化中心的性质、作用和职能被严重淡化。

1953 年《改建扩建北京城市规划草案的要点》把首都确定为政治中心、经济中心和文化中心，并且特别强调应该把北京建设成为全国强大的工业基地和全国的科学技术中心。"文化中心"是四大性质之一，但是并没有得到突出强调。1957 年《北京城市建设总体规划方案》把北京确定为政治中心、文化教育中心、现代工业基地和科学的技术中心，依然特别突出了现代化的工业基地与科学技术中心的发展目标，"文化教育中心"被并列为四大性质之一。1962 年《北京城市建设总结草稿》提出，北京是政治、文化、经济管理中心，"文化中心"为三大中心性质之一。1965 年《关于北京城市建设工作的报告》再次明确北京全国政治、文化、经济管理中心的城市性质，但因特殊的政治历史条件，这一更加符合北京城市特征的性质和职能未得到实际落实。1973 年《北京市建设总体规划方案》提出应把北京建设成具有现代工业、现代农业、现代科学文化和现代城市设施的清洁的社会主义首都。"科学文化"被并列为四大性质之一，相对弱化了"全国文化中心"的性质和功能。

改革开放后，在总结北京城市建设和发展的经验和教训的基础上，北京作为全国文化中心的城市性质得到了重新审视，全国文化中心的性质和内涵逐步明确和完善。

1983 年《北京城市建设总体规划方案》把北京的城市性质确定为：全国的政治中心和文化中心、国家级历史文化名城、国际旅游城市。"文化中心"的性质开始受到重视，明确确定北京是全国文化中心，包含文化、教育、科学、技术、社会文明等，而"历史文化名城"和"国际旅游城市"的提法包含了传统城市文化和国际文化两方面，"文化中心"的内涵得到丰富。

1993年《北京城市总体规划1991-2010》把北京的城市性质确定为：全国的政治中心、文化中心、世界著名的古都和现代国际城市。充分体现其政治、文化、国际交往中心的性质。"文化中心"被确定为三大中心性质之一，不再提经济中心和工业城市建设目标，这是第一次重大的城市性质定位变化。规划提出在文化上把北京建设成为全国文化教育和科学技术最发达的城市；在文明上把北京建设成为道德风尚和民主法制建设最好的城市；在传承上保护古都历史传统和整体格局，民族传统、地方特色、时代精神有机结合，建设成世界一流水平的历史文化名城和现代化国际城市。"全国文化中心"内涵趋于丰富、结构趋于完善。

2004年《北京城市总体规划》延续了1993年的定位，把北京的城市性质确定为：全国的政治中心、文化中心、世界著名古都和现代国际城市。强调大力发展社会主义文化，把握先进文化的前进方向，促进文化事业全面繁荣和文化产业快速发展，突出首都作为全国科学技术中心和教育中心的地位，明确坚持尊重城市历史和城市文化的原则，保护古都历史文化价值，弘扬和培育民族精神，全面展示北京文化内涵，形成融历史文化和现代文明为一体的城市风格和城市魅力。"传统文化与现代文明交相辉映，具有高度包容性、多元化的世界文化名城"，体现更具整体综合性、结构层次性、主导多元结合的首都城市文化定位和发展目标。北京作为国家首都、全国政治中心、全国文化中心、国际交往中心的文化性质、文化作用和文化功能更为丰富和完整。

二　北京城市总体规划中的文化定位与全国文化中心建设经验

北京的城市性质定位，对全国文化中心建设产生了重大影响。首先，从城市发展方向看，有什么样的城市定位，就有什么样的城市发展，新中国成立60多年来北京的城市总体定位，主导着全国文化中心文化建设的方向。尤其是前30年定位的多变性、不确定性，深刻地影响了城市性质和功能。其次，城市发展既是历史传承的发展，也是创新建设的发展。前期的定位不准确，不符合城市的性质，导致城市文化资源的破坏、城市历史文脉的断裂，造成不可挽回、不可修复的惨痛损失，北京作为历史文化名城趋向碎片化。

北京作为全国文化中心的性质、内涵和目标的明确，经历了曲折、多变、复杂的过程。"各阶段的规划思想无不受当时的政治、经济形势和社会思潮的影响……城市规划不可能脱离历史环境而独立存在，只有从历史发展大背景中总结经验与教训，才能使规划更加符合城市发展规律，更具科学性。"[①] 只有总结经验，理性认识沉痛的历史教训，才能更好地规划和建设全国文化中心。

其一，充分认识全国文化中心性质，明确全国文化中心职能。

在20世纪50年代至70年代的北京城市规划方案中，尽管也可以看到或显或隐全国文化中心的性质功能定位，但对于如何建设和发挥全国文化中心作用，没有明确的措施，在很大程度上仅仅是一种表述。20世纪80年代以来的城市总体规划，不再提"经济中心"和"现代工业基地"，北京作为全国文化中心的性质更明确、职能更清晰。1993年的总体规划提出，城市建设与各项事业的发展，必须根据和体现北京的城市性质。2004年的城市总体规划把文化事业和文化产业、历史名城整体保护纳入总体规划，提出坚持尊重城市历史与城市文化的建设原则。历史经验证明，只有明确和坚持首都城市的性质和职能，发挥首都的资源优势，认识到北京作为历史文化名城和全国文化中心的重要性，强化核心职能，才能深刻认识首都文化建设发展的重要性。

其二，强化文化建设总体地位，重视城市整体协调发展。

文化是包含多层面内涵和多结构形态的整体，是人类的物质和精神的生产能力以及所创造的物质财富和精神财富的总和。在60多年的发展中，北京文化从强制性单一形态向自由多样形态、从单一结构向多

---

① 董光器：《古都北京五十年演变录》，东南大学出版社，2006，第129页。

维结构、从单一功能向复合功能的转变，推动了北京文化从单一性建设向丰富性、多样化、内涵式发展。历史经验表明，城市首先是具有文化意义的存在，高度重视文化在城市整体发展中的定位、功能和作用，才能有力推动城市整体的可持续发展。

其三，把握全国文化中心内涵，发挥首都文化资源优势。

从历次北京市总体规划可以看出，改革开放以前的城市规划方案，差不多都把北京确定为全国文化中心，在性质上似乎是明确的，但在内涵上是单一的，甚至是空洞的。20世纪80年代以后的总体规划更加明确全国文化中心的性质和内涵。1983年《北京城市建设总体规划方案》、1993年《北京城市总体规划（1991-2010）》明确了北京作为全国文化中心的性质定位，城市文化结构有所扩展，文化内涵有所丰富。2004年《北京城市总体规划（2004-2020）》在此前基础之上，提出建设传统文化与现代文明交相辉映，具有高度包容性、多元化的世界文化名城，提高国际影响力。历史经验表明，比较完整地把握北京作为全国文化中心的文化内涵和文化结构，可以更好利用和发挥文化资源优势，让文化得到较好发展，发挥文化在城市整体发展中的作用。

其四，提高首都文化发展规划水平，增强首都文化建设的战略意识。

从新中国成立到改革开放以前，北京作为全国文化中心的内涵、结构、目标和任务都不清晰，其全国文化中心的性质、定位和功能被严重弱化了。20世纪80年代后，北京市总结城市建设和发展的经验教训，重视全国文化中心的规划建设，"全国文化中心"的内涵更为丰富，结构更为完善，北京的文化性质、文化内涵和文化功能变得较为丰富和完整。文化在城市总体建设规划中的位置、北京的首都性质、国家高度和全球视野，让北京能够从国际与国内的战略视野高度谋划其国家文化中心的建设问题。

三 北京文化建设应体现国家文化发展方向

2014年2月，习近平总书记就促进北京的发展和管理工作提出了几点要求。首先要求明确城市战略定位，坚持和强化北京作为全国的政治中心、文化中心、国际交往中心和科技创新中心的核心职能，把北京建设成国际一流的和谐宜居之都。北京作为全国文化中心的功能得到了持续强调，文化中心被提升为首都的核心地位之一，这一定位凸显了坚持和强化全国文化中心建设的重要性与战略地位。

北京作为全国的文化中心，应在全国的文化建设发展中发挥示范作用。在"城市"这个维度上，全国文化中心必须是一座文化高度繁荣发展的城市。"文化中心"与"城市"这两个维度应当结合起来。

首先，北京不仅是一座文化城市，而且是全国文化中心城市，这要求它超越一般文化城市的范畴，在更高的战略高度思考和规划文化建设发展。北京作为全国文化中心，不仅要加强北京的城市文化建设，而且要更好地发挥服务全国的作用，发挥全国文化中心的示范引领作用。

其次，北京是中国的首都，这要求北京的文化建设超越一般城市的定位，体现国家文化价值导向和国家文化的发展方向，在全国文化建设中发挥示范作用，在国际文化格局中体现国家的价值取向和国家首都的话语权地位。

再次，北京作为全国文化中心城市，应该是引领文化创新发展的城市。"文化作为实践，文化的讨论、文化政治学、文化生产和文化产品，所有这些都是而且一直是世界城市和全球城市的有机组成部分。"[①] 没有创新就没有发展，没有创造力就没有竞争力，没有竞争力就没有影响力。创新既是增强北京国际竞争力和影响力的重要前提，也是北京作为全国文化中心城市建设的必要基础。

最后，北京作为全国文化中心城市，应该是在国际城市体系中具有重大影响力和竞争力的文化城市。北京市政府已经提出，到2020年，把北京建设成为"具有世界影响力的文化中心城市"。这意味着北京不

[①] Neil Brenner and Roger Kell, "Introduction to Part Six," *Global Cities Reader*, London and New York: Routledge Tayler & Francis Group, 2006, p.129.

仅在世界文化城市坐标上而且在世界文化中心城市的坐标上定位自身的发展。"我们发现每一个独特的城市都有其与众不同的规划风格——这种规划风格经常会影响全球化的力量,同时也被这些力量所塑造着。"① 在北京作为国际大都市的城市体系中定位自身的发展目标,更需要一种立足于自身发展目标的世界性和全球性战略视野。

---

① 萨拉特:《城市与形态——关于可持续城市化的研究》,中国建筑工业出版社,2012,第319页。

提高北京"文化中心"影响力的建议[*]

郑以然[**]

摘　要

　　我们就四个中心（政治中心、文化中心、国际交往中心、科技创新中心）在北京市民心中的影响力进行了问卷调查。调查结果显示，年轻、收入较高、受教育程度较高的人群，对北京的文化中心角色最为认可；北京的文化建设成就在中国人、外国人心中基本得到了肯定。

　　根据调查，我们建议文化政策、文化福利与公共文化服务应该酌情向老年人、收入较低者、受教育程度较低者、退休无业人员倾斜，让他们也能共享北京的文化成果。同时，对北京旧有文化民俗要继续着力保护和推广。

　　中共北京市委十一届七次全会强调，建设和管理好首都，是国家治理体系和治理能力现代化的重要内容，要紧紧围绕政治中心、文化中心、国际交往中心、科技创新中心的首都城市战略定位，把建设国际一流的和谐宜居之都贯穿其中，全面深化改革，建立健全与首都城市战略定位相适应的治理体制机制。在2015年11月24~25日召开的十一届八次全会上，提出要深入贯彻落实习近平总书记视察北京时的重要讲话

---

[*] 本文为首都师范大学文化研究院一般课题的阶段性研究成果。
[**] 郑以然，首都师范大学文化研究院讲师，圣地亚哥梅萨学院（San Diego Mesa College）教授。

精神和《京津冀协同发展规划纲要》，也体现了北京市建设好"四个中心"的决心。

北京四个中心各自的社会影响力和在市民心中的认可度并不相同。2015年6~8月，我们就四个中心在北京市民心中的影响力进行了问卷调查，调查以一对一形式进行，得到有效样本503份。为使调查具有普遍性，课题组走遍北京16个区县，兼顾各年龄段、各种职业、农村与城市、不同受教育程度以及不同收入人群，尤其走访了超过100名少数民族群众，以及超过100名来自不同国家的外国人。

调查题为单选题，题目为"您觉得用下面哪一个词语描述北京最贴切？"选项分别为A. 国际交往中心，B. 科技创新中心，C. 政治中心，D. 文化中心。调查报告显示，认为北京首先是国际交往中心的最多，达到41.95%；认为是政治中心的其次，达到34.99%；认为是文化中心的为12.72%；认为是科技创新中心的最少，只有10.34%（见图1）。

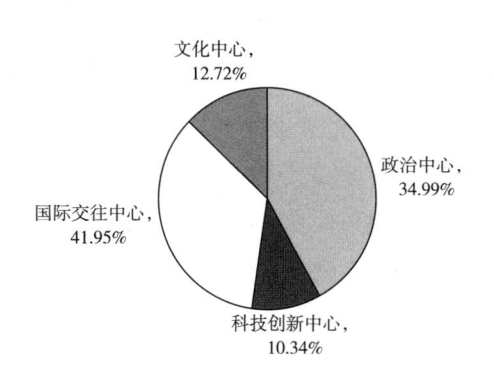

图1 市民对"四个中心"的认同度

"四个中心在市民心中的影响力"问卷调查结果显示，12.72%的市民认为北京首先是文化中心。

一 老年人没有充分享受到北京的文化福利

1. 按性别分组统计

不同性别的人对"四个中心"的认同度见表1、图2。

表 1　不同性别的人对"四个中心"的认同度

单位：人

性别	国际交往中心	科技创新中心	政治中心	文化中心	小计
男	106（41.09%）	30（11.63%）	85（32.95%）	37（14.34%）	258
女	105（42.86%）	22（8.98%）	91（37.14%）	27（11.02%）	245

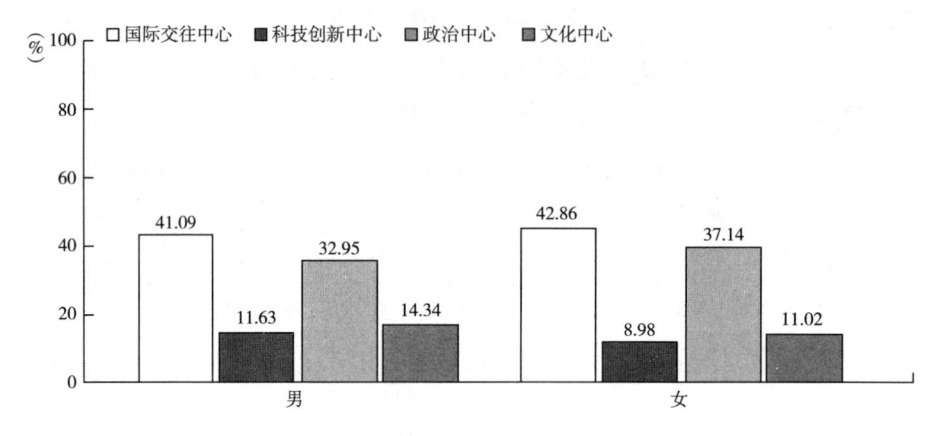

图 2　不同性别的人对"四个中心"的认同度

可见，对四个中心的认可度，并不存在显著性别差异。无论是男性还是女性，均有最大比例的人认为北京首先是国际交往中心，包括41.09%的男性和42.86%的女性。占比第二的均为政治中心（男性32.95%，女性37.14%）。第三为文化中心（男性14.34%，女性11.02%）。第四为科技创新中心（男性11.63%，女性8.98%）。

2. 按年龄分组统计

不同年龄的人对"四个中心"的认同度见表2、图3。

表 2　不同年龄的人对"四个中心"的认同度

单位：人

年龄	国际交往中心	科技创新中心	政治中心	文化中心	小计
18岁以下	9（40.91%）	7（31.82%）	1（4.55%）	5（22.73%）	22
18~25岁	62（51.24%）	11（9.09%）	33（27.27%）	15（12.40%）	121
25~35岁	56（54.90%）	13（12.75%）	24（23.53%）	9（8.82%）	102

提高北京"文化中心"影响力的建议

续表

年龄	国际交往中心	科技创新中心	政治中心	文化中心	小计
35~45岁	22（28.95%）	4（5.26%）	31（40.79%）	19（25.00%）	76
45~60岁	38（35.85%）	7（6.60%）	49（46.23%）	12（11.32%）	106
60岁以上	24（31.58%）	10（13.16%）	38（50.00%）	4（5.26%）	76

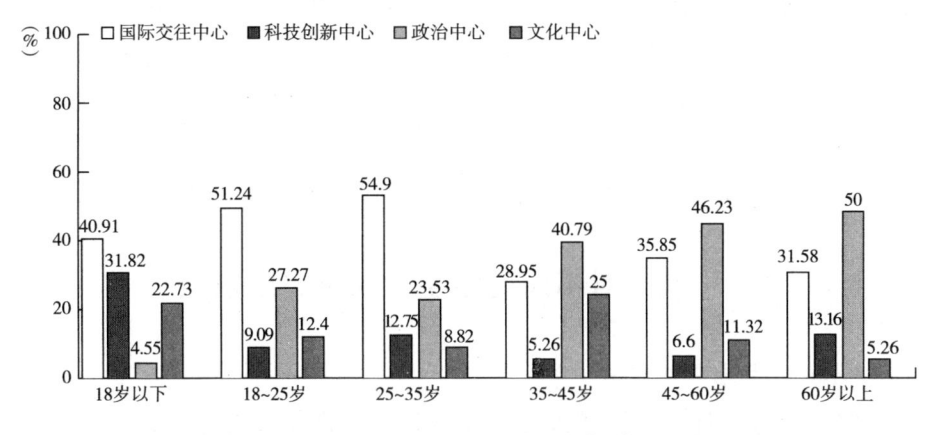

图3 不同年龄的人对"四个中心"的认同度

18岁以下少年最多人认为北京首先是国际交往中心，其次是科技创新中心，再次是文化中心，最后是政治中心。符合少年政治敏感度较低的特征。

18~25岁青少年中，最多人认为北京首先是国际交往中心，其次是政治中心，再次是文化中心，最后是科技创新中心。值得注意的是，这一年龄段的人本该是科技创新的主力军和未来的希望，但仅有9.09%的低比例青少年认为北京是科技创新中心。

25~35岁青年中，最多人认为北京首先是国际交往中心，其次是政治中心，再次是科技创新中心，最后是文化中心。这一年龄段的人已经摆脱了学业压力，尚无上有老下有小的家庭负担，精力旺盛，人际交往活跃，应该处于文化生产与消费的旺盛期，却仅有8.82%的人认为北京是文化中心，值得深思。

在35~45岁的中青年中，最多人认为北京是政治中心，其次是国际交往中心，再次是文化中心，最后是科技创新中心。

在45~60岁中年组，最多人认为北京是政治中心，其次是国际交往中心,再次是文化中心,最后是科技创新中心。

在60岁以上老年组,最多人认为北京是政治中心,其次是国际交往中心,再次是科技创新中心,最后是文化中心。

总的来看,各年龄段都有较多人认为北京是国际交往中心,35岁以下各组均将其排在第一位,35岁以上各组均将其排在第二位。认为北京是政治中心的比例随年龄增大显著上升,从年龄最小组的仅4.55%上升到年龄最大组的50.00%。18岁以下青少年对北京的科技创新能力最为认可,而在35~60岁的广大人群中,仅有不到6%的比例看好北京作为科技创新之都的地位。60岁以上的老年人认为北京是文化中心的比例过低,可见老年人没有充分享受到北京的文化福利。

二 北京对不同民族文化的包容度很强

1. 按出生地分组统计

按出生地统计,出生于北京的有44.95%的人认为北京首先是国际交往中心,有39.45%的人认为北京是政治中心,二者相加高达84.4%,而仅有2.75%的人认为北京首先是文化中心。

出生于国内其他城市的人中有近半数认为北京首先是政治中心,其次是国际交往中心,然后是文化中心和科技创新中心。

出生于国内农村的受访者中,有40.24%的人认为北京首先是国际交往中心,然后依次是政治中心、文化中心、科技创新中心。

外国人中,超过半数认为北京是国际交往中心,而另外三个的比例非常接近,分别为15%、16%、17%(见表3)。

表3 不同地域的人对"四个中心"的认同度

单位:人

出生地	国际交往中心	科技创新中心	政治中心	文化中心	小计
北京	49(44.95%)	14(12.84%)	43(39.45%)	3(2.75%)	109
国内其他城市	42(33.60%)	9(7.20%)	59(47.20%)	15(12.00%)	125
国内农村	68(40.24%)	14(8.28%)	58(34.32%)	29(17.16%)	169
国外	52(52.00%)	15(15.00%)	16(16.00%)	17(17.00%)	100

在与受访者的谈话中笔者发现，北京文化中心建设对本地人没有产生显著影响，甚至相当多老北京人认为北京的本地文化被破坏了。而北京的都市文化、国际化的环境对农村移民产生了巨大心理影响。受访的外国人较为看重北京的文化氛围，对北京频繁的文娱演出、体育赛事表示肯定和欢迎。中国人无论是北京本地人还是外地人，都极为看重首都的政治地位，而外国人对政治中心这一概念感受较弱。而政治色彩的淡化，对于吸引外国人来北京投资和交流，或许利大于弊。

2. 按民族与国籍分组统计

按民族分组统计，汉族人中认为北京首先是政治中心的比例为42.45%，略高于国际交往中心的比例（41.01%），认为北京是文化中心和科技创新中心的比例同为8.27%。而少数民族的情况有较大区别，尽管排在前两位的也是国际交往中心和政治中心，但占比较低。文化中心比例有了较大提升，达到19.66%，科技创新中心为9.40%。访谈中笔者发现，少数民族群体对自己民族的文化有强烈的自我意识，对于宣传自我民族文化如饮食、艺术、风俗有强烈愿望。他们在北京生活也能感受到本民族文化与汉族文化的冲突与融合，总体认为北京对不同民族文化的包容度很强，因此认同北京是文化中心。此项外国人的统计结果与上题类似，这也验证了本调查结果的有效性（见表4、图4）。

表4 不同民族与国籍的人对"四个中心"的认同度

单位：人

民族与国籍	国际交往中心	科技创新中心	政治中心	文化中心	小计
汉族	114（41.01%）	23（8.27%）	118（42.45%）	23（8.27%）	278
少数民族	43（36.75%）	11（9.40%）	40（34.19%）	23（19.66%）	117
外国人	54（50.00%）	18（16.67%）	18（16.67%）	18（16.67%）	108

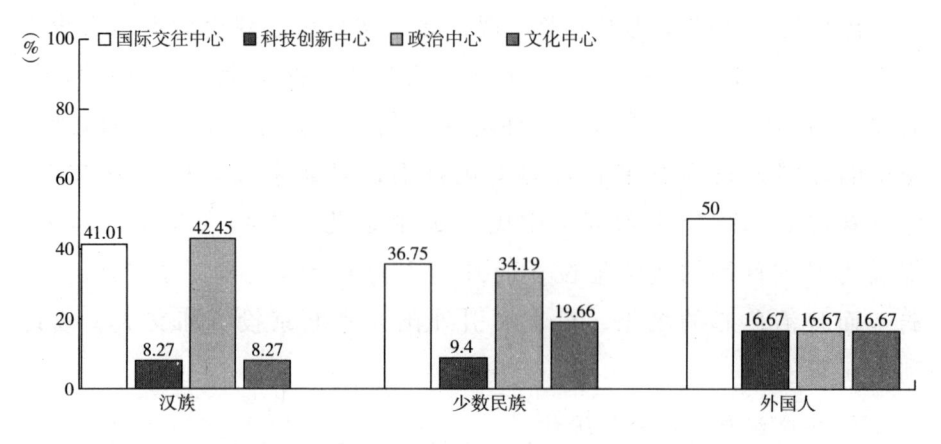

图 4 不同民族与国籍的人对"四个中心"的认同度

三 高收入、高学历人群最肯定文化中心功能

1. 按个人年收入分组统计

年收入在 3 万元以下的,近半数认为北京首先是国际交往中心,其次是政治中心、文化中心、科技创新中心。

3 万~10 万元组的排序为国际交往中心、政治中心、科技创新中心、文化中心。

10 万~20 万元组的排序为政治中心、国际交往中心、文化中心、科技创新中心。

20 万元以上组为国际交往中心、政治中心、文化中心、科技创新中心(见表 5、图 5)。

表 5 不同收入的人对"四个中心"的认同度

单位：人

收入	国际交往中心	科技创新中心	政治中心	文化中心	小计
3 万元以下	76（45.24%）	20（11.90%）	50（29.76%）	22（13.10%）	168
3 万~10 万元	75（43.35%）	16（9.25%）	70（40.46%）	12（6.94%）	173
10 万~20 万元	33（34.74%）	9（9.47%）	38（40.00%）	15（15.79%）	95
20 万元以上	27（40.30%）	7（10.45%）	18（26.87%）	15（22.39%）	67

提高北京"文化中心"影响力的建议

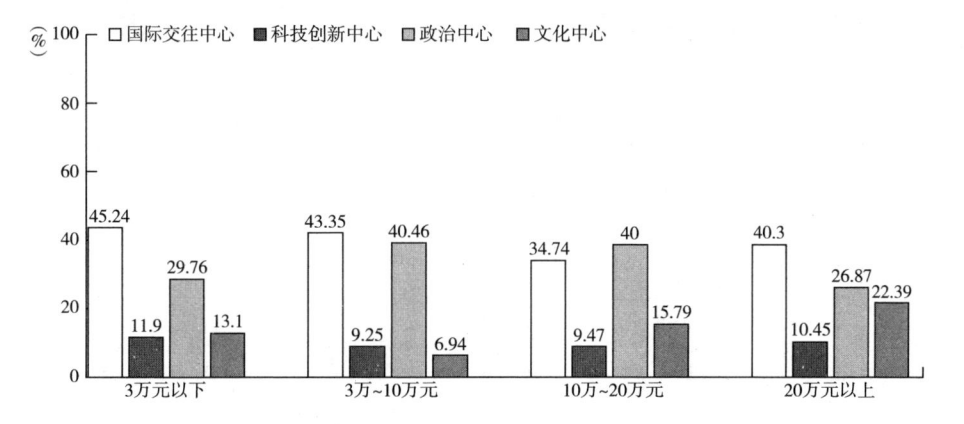

图 5 不同收入的人对"四个中心"的认同度

从表 5 可以看出，3 万元以下组，有 13.1% 的人认为北京是文化中心；3 万~10 万元的，只占 6.94%；收入在 10 万~20 万元的，占 15.79%；20 万元以上的，为 22.39%。考虑到 3 万元以下收入的有一部分为学生，所以可以看出，收入越高的人，越肯定北京作为文化中心的角色。

2. 按受教育程度分组统计

按受教育程度分组，国际交往中心除在小学组以 5 票位居第二，在其余各组均排第一。

政治中心除在小学组排第一外，在其余各组均排第二（见表 6、图 6）。

表 6 不同受教育程度的人对"四个中心"的认同度

单位：人

受教育程度	国际交往中心	科技创新中心	政治中心	文化中心	小计
文盲	1（50.00%）	0（0.00%）	1（50.00%）	0（0.00%）	2
小学	5（33.33%）	3（20.00%）	6（40.00%）	1（6.67%）	15
初中	35（47.30%）	14（18.92%）	18（24.32%）	7（9.46%）	74
高中	28（37.84%）	7（9.46%）	23（31.08%）	16（21.62%）	74
大学	98（41.00%）	18（7.53%）	95（39.75%）	28（11.72%）	239
研究生以上	44（44.44%）	10（10.10%）	33（33.33%）	12（12.12%）	99

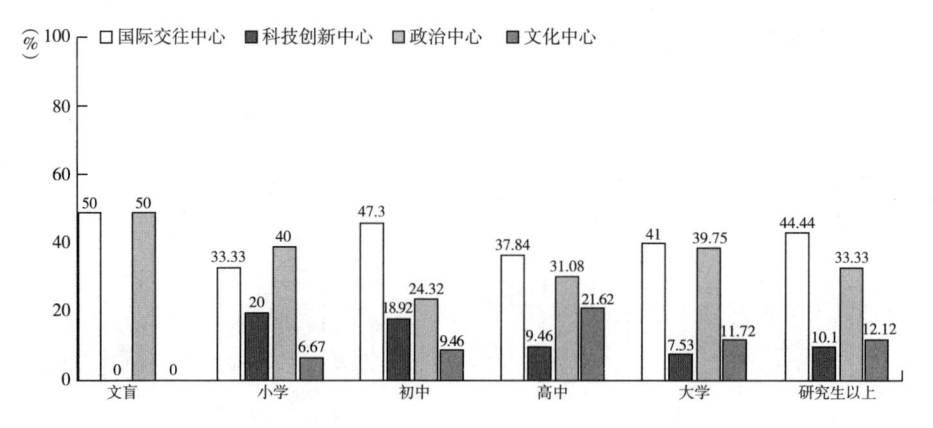

图 6 不同受教育程度的人对"四个中心"的认同度

文盲认为北京首先是文化中心的为0人,小学文化程度仅有1人,初中文化程度的有9.46%的人认为北京首先是文化中心,高中程度比例最高,为21.62%,大学为11.72%,研究生及以上为12.12%。从总体数据分析原因,初中以下受教育程度较低者,较少有兴趣和机会参与到文化生活中,故而比例较低。大学以上学历者,由于在学习和工作中有了更多国际交往机会,因而均有最多人选择了北京首先是国际交往中心。而高中学历者虽有一定文化程度,但尚不具备国际交往能力,因此有最高比例认为北京是文化之都。

同理,科技创新中心在小学受教育程度组被认可度最高,为20.00%。也是因为高中受教育程度以上者,对文化生活有了更强的参与能力,也具备更多国际交流机会,因此分散了票数。

3. 按职业分组统计

按职业分组,公务员和事业单位工作人员对北京政治中心角色认可度最高。

企业职员和办公室白领对政治中心角色的认可度也最高。

自由职业者(撰稿人、演员、画家、歌手等)对文化中心认可度最高。

老板(公司所有者、私营业主等)对国际交往中心和政治中心认可度最高,这同其事业与国际环境、国内政策紧密相关有一定的关系。

服务行业员工(家政、餐饮、酒店工作人员等)最多人认为北京是国际交往中心。

体力劳动者（保安、保洁、装修工人、建筑工人等）中也有最多人认为北京是国际交往中心。

学生中，50.00%的人认为北京首先是国际交往中心，24.11%的人认为北京首先是政治中心，15.18%的人认为北京首先是文化中心，10.71%的人认为北京首先是科技创新中心。

退休人员中，46.67%的人认为北京首先是政治中心，国际交往中心占37.33%，科技创新中心占12%，文化中心仅占4%。

无业人员中，没人认为北京首先是文化中心与科技创新中心。

文化相关行业如自由职业者（撰稿人、演员、画家、歌手等）对文化中心认可度最高，达到39.58%；其次是学生，达到15.18%；公务员或事业单位工作人员、企业职员、老板、服务行业员工、体力劳动者几类中比例差不多，在8%~10%；而在退休者和无业者中比例极低，分别为4%和0%。再次验证老年人、没有工作者被排斥在了北京的文化环境之外（见表7、图7）。

表7 不同职业的人对"四个中心"的认同度

单位：人

职业	国际交往中心	科技创新中心	政治中心	文化中心	小计
公务员、事业单位工作人员	30（36.59%）	3（3.66%）	40（48.78%）	9（10.98%）	82
企业职员、办公室白领	21（41.18%）	4（7.84%）	22（43.14%）	4（7.84%）	51
自由职业者（撰稿人、演员、画家、歌手等）	14（29.17%）	7（14.58%）	8（16.67%）	19（39.58%）	48
老板（公司所有者、私营业主等）	11（37.93%）	4（13.79%）	11（37.93%）	3（10.34%）	29
服务行业员工（家政、餐饮、酒店工作人员等）	14（45.16%）	5（16.13%）	9（29.03%）	3（9.68%）	31
体力劳动者（保安、保洁、装修工人、建筑工人等）	30（55.56%）	7（12.96%）	12（22.22%）	5（9.26%）	54
学生	56（50.00%）	12（10.71%）	27（24.11%）	17（15.18%）	112
退休人员	28（37.33%）	9（12.00%）	35（46.67%）	3（4.00%）	75
无业人员	3（37.50%）	0（0.00%）	5（62.50%）	0（0.00%）	8
其他人员	4（30.77%）	1（7.69%）	7（53.85%）	1（7.69%）	13

图 7 不同职业的人对"四个中心"的认同度

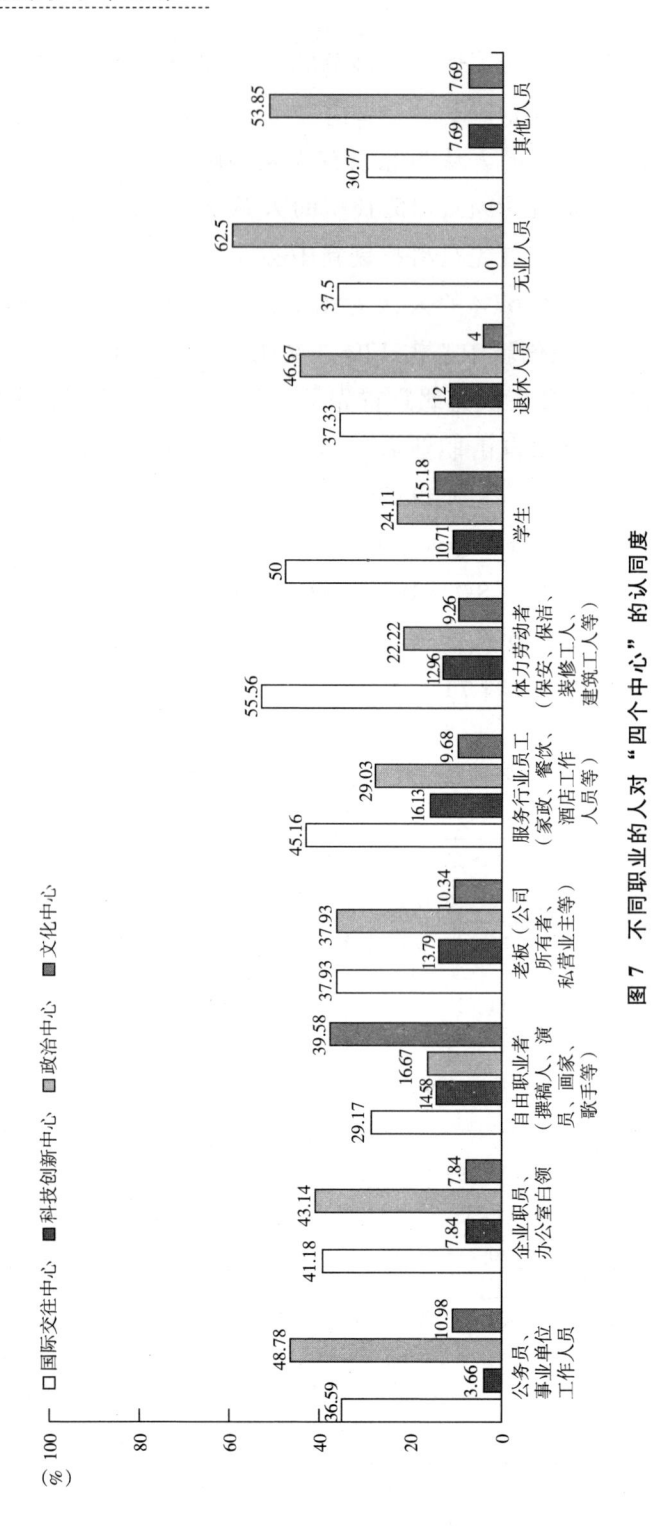

四 对北京文化中心功能的社会评价不均衡

如果聚焦于"文化中心"的社会影响力，可以看出以下几点。

一是按性别分组统计，认为北京首先是文化中心的男性比例略高于女性。

二是按年龄分组统计，25岁以下年轻人对北京是文化中心的认可度更高，而中老年人比例相对较低。

三是按出生地统计，北京本地人认为北京首先是文化中心的比例很低，尤其调研中发现很多老北京人认为北京本地的文化被破坏了。而北京的都市文化对农村移民产生了较大心理影响，受访的外国人较为看重北京的文化氛围，对北京频繁的文娱演出、体育赛事表示肯定和欢迎。

四是按民族与国籍统计，少数民族相对于汉族更认可北京是文化中心。

五是按个人年收入分组统计，收入越高的人，越肯定北京作为文化中心的角色。

六是按受教育程度分组统计，初中以下受教育程度者，较少有兴趣和机会参与到文化生活中，故而认为北京首先是文化中心的比例较低。大学以上学历者，由于在学习和工作中有了更多国际交往机会，因而均有最多人选择了北京首先是国际交往中心。而高中学历者虽有一定文化程度，但尚不具备国际交往能力，因此有最高比例认为北京是文化中心。

七是按职业分组统计，认可度最高的首先是文化相关行业从业者如自由职业者（撰稿人、演员、画家、歌手等），其次是学生，再次是公务员或事业单位工作人员、企业职员、老板、服务行业员工、体力劳动者，退休人员和无业人员两类比例极低。再次验证老年人、没有工作者被排斥在了北京的文化环境之外。

可以看出，北京的文化建设成就在少数民族、外国人、外地来京人员中基本得到了肯定，尤其是年轻、收入较高、受教育程度较高的人群，对北京的文化中心角色最为认可。

五 公共文化服务应重视向弱势群体倾斜

根据以上调查结果，我们建议文化政策、文化福利与公共文化服务酌情向老年人、收入较低者、受教育程度较低者、退休无业人员倾斜，以让他们也能共享北京的文化发展成果。同时，对北京旧有文化民俗要继续着力保护和推广。

其一，老年人、退休人员、无业人员参与文化活动的根本矛盾，是充足的时间与有限的金钱之间的矛盾。因此可以采取演出分时制，票价分轨制。例如，可以把某些文化活动安排在上班时间，对65岁以上老人采取低廉票价制，还可以通过社区居委会适当赠票。鼓励更多经济拮据的市民参与。如北京惠民文化消费季推出的低票价文艺演出，就是很好的尝试。

其二，建设文化民生工程要以人为本，因人而异。北京文化活动众多，但宣传渠道有限，尤其网络渠道对多数老年人影响不大。而如果这些活动最终没人观看、参与，之前的努力就白费了。建议宣传渠道走好"最后一公里"，采取更适合老年人的宣传方式，如在公园宣传栏、小区内活动场所、超市等老年人日常活动区域张贴宣传海报，利用广播、晚报、居委会等渠道进行宣传。

其三，为受教育程度较低的市民提供一些公益性质的免费培训机会，如在社区内部寻找志愿者（如退休人员），面向某些有需要的人举办文化或艺术修养入门讲座，或提供外语能力培训。对志愿者给予一定奖励，既充分利用了退休人员的才干使他们发挥余热，也提高了整体人员的素质。

其四，对北京旧有本地文化民俗要继续着力保护和推广，加强有地方特色的文化建设。现在很多老北京拆迁搬到远离市中心的郊区，在新的居住环境中完全感受不到老北京的地方文化氛围，而在一些外国人聚集的社区，洋节气氛浓郁，中国传统节日气氛则较为平淡，其实居住在北京的老外对过中国节日、对体验北京民俗很感兴趣。建议利用年节，在社区的装饰布置中体现北京特色民俗，宣传推广北京小吃、传统表演艺术、地方手工艺等。

重视发挥公益性文化单位在经济发展中的作用[*]

祁述裕[**]

摘　要

推动公益性文化单位发展，是传统文化资源创造性转化、创新性发展的需要。发挥文化系统在经济转型中的重要作用，需要公益性文化单位有较大发展；公益性文化单位也有强烈的自我发展诉求。

营利性文化机构开发文创产品是发达国家的普遍做法。我国公益性文化单位开发经营文创产品，也有许多成功做法。例如，注重创意设计，开发时尚产品；与旅游业等相关产业深度融合；提供文化创客空间；利用互联网平台；等等。

推动公益性文化单位发展，需要观念上的突破。公益性文化单位的功能是实现公共（公益）目标，而不同于以赚钱为目的的企业。但这并不意味着实现公共目标与市场经营活动水火不容。公益性文化单位参与市场经营活动，同样有助于公益性文化单位公共目标的实现。

我国公益性文化单位进行文创产品的开发，关键是要走社会化的

---

[*] 本文系2014年度国家社科基金艺术学重大项目"国家文化治理能力和体系现代化建设研究"（批准号：14ZD04）的部分研究成果。

[**] 祁述裕，国家行政学院文化政策与管理研究中心主任。张祎娜、陆筱璐、赵一萌也参与了研究和写作。

路子。需要通过搭建服务平台，为公益性文化单位开发文创产品提供支持；需要推进体制机制创新，因地制宜，分类管理。

习近平总书记强调："要系统梳理传统文化资源，让收藏在禁宫里的文物、陈列在广阔大地上的遗产、书写在古籍里的文字都活起来。"①博物馆、图书馆、美术馆、文化馆等公益性文化单位发掘藏品的文化内涵，开发文创产品，是补充公益性文化机构发展资金、增强发展能力的重要手段，是丰富人民群众精神文化生活、促进文化产业发展的必然要求，是传播中华优秀文化的重要渠道，是培育国民经济新的增长点、稳增长促消费的重要途径。

一 推动公益性文化单位发展是时代的需要

我国历史悠久，文化资源极为丰富，文化系统的公益性文化单位保存着大量的优秀文化资源。但传统文化资源必须经过创意设计，才能转化为符合现代消费需求的产品，最大限度地实现经济价值和社会价值。要使这些文化资源更好地为当代社会服务，发掘藏品内涵、进行文创产品开发，是很重要的途径。

发挥文化系统在经济转型中的重要作用，需要公益性文化单位有较大发展。"十三五"时期我国产业转型的任务非常繁重，稳增长、促消费是当下中国最紧迫的问题，各行各业都要发挥作用，文化系统也不例外。公益性文化单位，不仅要提供基本公共文化服务，还应该积极参与文创产品开发，活跃文化市场，发挥公益性文化单位在稳增长、促消费中的应有作用。

公益性文化单位也有强烈的自我发展诉求。目前对全额拨款文化单位的管理办法，在一些方面不利于公益性文化单位提供多样化的公共文化服务。2003~2012年，文化单位实行两分类改革，博物馆、图书馆、美术馆、文化馆等公益性文化单位被列为公益一类单位，实行的是

---

① 习近平：《习近平谈治国理政》，外文出版社，2014，第161页。

全额财政拨款、收支两条线的管理方式。该分类有利于解决其生存之忧，有利于规范运作，却不利于调动其积极性。公益性文化单位进行文创产品的开发经营，需承担包括经济、安全、政治等在内的多重风险，但受收支两条线制度所限，其经营所得必须全部上缴，文化单位本身不能从中获益。这导致许多公益性文化单位宁愿选择少做事，甚至不作为。这种状况需要改变。

二　公益性文化单位发展的国际趋势

其一，非营利性文化机构开发文创产品是发达国家的普遍做法。

发达国家和地区博物馆开发文创产品有四个突出特点。

一是意识早。发达国家博物馆从事文创产品开发已经有百余年历史。比如，纽约大都会博物馆早在1871年就开始进行文创产品开发，目前产品品类已达2万多种，涵盖复制仿制品、出版物、文具、服饰、家居装饰、玩具、珠宝配饰七大门类。

二是效果好。美国博物馆协会公布的数据显示，美国博物馆商店销售的收入，占平均每年美国博物馆总收入的10%。有报告显示，2000年，纽约市的艺术与文化非营利性机构创造的经济效益为57亿美元，并间接推动了88亿美元的商业增长，城市文化投资带动了超过其他方面投资额度五倍多的私人投资，并为本地经济发展带来了至少每年100万人次的游客。

三是减轻了财政负担。近些年来，由于经济不景气，欧美一些国家和地区对文化的财政投入在减少，博物馆等非营利性机构要通过自行创收弥补财政投入的不足。比如2006年，法国政府对罗浮宫博物馆的财政支持由2003年占总收入的72%降至63%，缺口由罗浮宫通过文创产品开发经营等手段自行填补。这反过来也激发了博物馆开发文创产品的积极性，取得了良好的效果。

四是丰富了人们对博物馆等非营利性文化机构价值和功能的认识。以博物馆为例，在当代社会，博物馆办馆理念发生了很大变化，除收藏、展示和教育三大传统功能外，非营利性文化机构还要具备休闲娱乐功能，发挥其在文化传播中的作用。博物馆等非营利性文化机构积极通过文创产品开发等途径实现上述功能，其努力赢得了更多的社会尊重。

其二，我国公益性文化单位开发经营文创产品，已有许多成功做法，主要的经验包括以下几点。

一是注重创意设计，开发时尚产品。以故宫博物院为例，截至2015年11月，故宫博物院累计开发文创产品8683种，其中与知名设计公司合作设计的仿蜜蜡朝珠耳机、故宫猫等时尚产品深受消费者喜爱。国家图书馆共开发文创产品400多种，甲骨文图案领带、拓片积木、"庆赏升平"系列公交一卡通等广受好评。此外，苏州博物馆开发的莲花尊饼干、湖南博物馆的马王堆养生枕等，也是颇具代表性的创意时尚产品。

二是与旅游业等相关产业深度融合。成都武侯祠博物馆开发的锦里文化休闲一条街，以武侯祠为核心，将吃住游购娱结合在一起，实现了效益最大化。国家图书馆计划与西班牙有关部门合作，以西班牙著名作家塞万提斯的纪念日为契机开展旅游活动。多年来，北京市海淀区依托当地文化遗产资源，以"红纳皇法"（红：曹雪芹的《红楼梦》；纳：纳兰性德，清代著名词人；皇：皇家园林，三山五园；法：中法文化交流）为抓手，推动海淀区旅游业和相关产业发展，取得了很好的效果。

三是提供文化创客空间。国家图书馆、上海图书馆等已着手积极探索利用政府资金、丰富的硬件设施、低成本或无成本的场地和服务，营造创新创意的空间、环境和氛围，支持文化"双创"发展。

四是善用现代营销手段，善用互联网平台，扩大信息传播的受众范围。这已经成为许多公益性文化单位的自觉意识。比如，故宫博物院等均开设了淘宝专营店、微信公众号等，并开发了移动客户端App，充分利用新媒体手段开展营销活动，成效显著。2015年故宫博物院90周年院庆期间，其官方淘宝店在聚划算平台创下了单日成交1.6万件的良好成绩。

三　推动公益性文化单位发展的五个重点

其一，解决认识问题。目前，文化系统普遍认为，公益性文化单位不能从事文化经营活动，否则跟经营性文化企业没有区别。这种看法存在认识上的误区。公益性文化单位的功能是实现公共（公益）目标，而不同于以赚钱为目的的企业。但这并不意味着实现公共目标与市场经营活动水火不容。公益性文化单位参与市场经营活动，同样有助于公益性文化单位公共目标的实现。发达国家非营利性文化机构开发衍生产品，在获取经济收益的同时，也可以促进文化传播，就是证明。

实际上，公益性文化单位与经营性文化企业的主要区别在于功能，而不是实现途径。公益性文化单位的功能是实现公共目标，提供公共文化服务；经营性文化企业则以赢利为首要目标。公益性文化单位在承担提供基本公共文化服务的职能的同时，同样可以根据市场需要，为特定人群提供优惠或市场化文化服务。前者主要靠财政支持，后者主要靠公益性文化单位依托自身文化资源，通过市场机制来实现。公益性文化单位与文化企业的区别在于，前者的经营所得必须回馈社会，用于公益事业。

从实践上看，公益性文化单位通过参与市场经营活动实现公共目标，往往比行政手段更有效。参与市场经营活动，需要公益性文化单位准确把握消费者需求，提供适销对路的产品，提供更有效的服务。近年来，发达国家社会企业的兴起，就是非营利性机构普遍积极引入企业管理，参与市场竞争的结果。这一趋势值得我们研究。

总之，我国公益性文化单位不仅要提供普惠式的免费服务，还要善于利用市场机制，为特定人群提供定制化、分层次的优惠服务，在增强自身活力的同时，最大限度实现公益目标。

其二，坚持走社会化的发展道路。我国公益性文化单位进行文创产品开发，关键是要走社会化的路子，找到公益性文化单位所拥有的资源与社会资源的嫁接点，盘活资源。参考国际经验，我国公益性文化单位可通过三种途径与社会力量合作开展文创产品的开发。一是授权。主要是通过图像和著作授权、品牌授权、合作开发三种授权方式，委托其他机构、企业开发文创产品。二是可尝试通过无形资产入股、设立混合所有制文化企业、委托经营等方式，开展商业合作。值得注意的是，可以入股的不仅包括公益性文化单位拥有的文化资源，而且包括自主研发的著作权、品牌等文化知识产权。三是可尝试与专业社会组织开展合作，开发运营文创产品。

其三，通过搭建服务平台，为公益性文化单位开发文创产品提供支持。一是支持、推动、鼓励国家艺术基金、中央文化产业专项资金、各地区文化产业发展专项资金等，把公益性文化单位挖掘其藏品内涵、开发文化创意产品项目列入重点支持范围。二是促进文创设计和产品交易。2014年，国家文物局委托中国故宫博物院、中国博物馆协会和中国文物信息咨询中心举办了两届全国博物馆文创产品的设计推荐活动，包括博物馆文创产品的征集、评选和推广。2015年，中国博物馆协会的文创产品专业委员会，与地方联合举办了两届博物馆论坛及展览。2015年12月，广州市举办了首届2015年广州国际文物博物馆产权交易博览会。这些活动都有力地推动了博物馆系统的文创产品开发。图书馆系统、文化馆系统也可以考虑举办类似的活动，推动本系统的文创产品开发。

其四，推进体制机制创新。一是博物馆、图书馆、美术馆、文化馆等公益性文化单位的定级和运行质量评估，将文创产品开发与经营绩效纳入考核机制。二是优化分配机制，调动博物馆、图书馆、美术馆、文化馆等公益性文化单位开发文化创意产品的积极性。应在财政稳定投入的基础上，允许博物馆、图书馆、美术馆、文化馆等公益性文化单位，将文化创意产品开发销售所得的部分收入作为单位自有资金，用于开展本单位公益性文化服务，设施运营维护以及藏、展品购买等费用支出和相关人员的绩效奖励。三是建立公示制度。公益性文化单位的文化资源属于公共文化资源，其文创产品开发收入所得属于公共财产，其收入分配情况应接受社会监督。可参考国际上对非营利性文化机构的管理办法，建立公示制度，定期通过公共媒体向社会公开其文创产品销售收入、分配及使用情况，接受舆论和社会监督。

其五，因地制宜，分类管理。必须看到，具备文创产品开发条件的主要是国家级，省级和部分省会城市，计划单列市的博物馆、图书馆、美术馆、文化馆等公益性文化单位。市县以下博物馆、图书馆、美术馆、文化馆等机构和经济欠发达地区文化单位，大都条件不足。此外，博物馆、图书馆、美术馆、文化馆等机构类别不同，条件也不同，其文创产品开发也不可一概而论。应尊重不同类别公益性文化单位的特点、不同层级文化单位的实际情况，制定分级、分类文创产品开发经营的实施细则，由各类单位自行决定文创产品开发事宜。

此外，在鼓励公益性文化单位发掘优秀文化资源、开发文创产品的同时，应防止对公益性文化单位承担的基本公共文化服务职能造成冲击，并原则上禁止其从事与文化领域无关的经营活动。

社区图书馆标准化建设的突出问题与对策

杨永恒[*]

摘　要

标准化工作对于图书馆事业的迅速发展具有重要意义。数量庞大、规模相对较小、最贴近百姓的基层社区图书馆标准化需求更为迫切。推进标准化建设成为社区图书馆提升服务能力、提高服务水平的重要路径。同时，由于受到观念、技术、经济、管理体制等各方面因素的影响，我国社区图书馆建设还存在一些明显的问题。

根据目前中国的城市管理体系，区级是一级政府、一级财政，区、街道社区的统一财政，为区、街道社区实行总分馆制度奠定了基础。以区图书馆为龙头，以基层街道社区图书馆为分馆实行总分馆制是我国现有体制下最具可操作性的创新。

推进社区图书馆标准化建设的重点是，重新界定社区图书馆的功能；建立以城市各区图书馆为中心馆，乡镇街道及社区图书馆（室）为分馆的总分馆体系；以标准化为手段，推动社区图书馆运行的规范化；鼓励社会力量依据标准参与社区图书馆（室）的运营管理；以数字化为手段，搭建区图书馆与社区图书室数据共享和信息交换平台；

---

[*] 杨永恒，清华大学公共管理学院副院长，教授。

加强对社区图书馆管理人员的培养，提升队伍素质；继续拓宽居民参与社区图书馆管理的渠道。

长期以来，城市的基层图书馆主要以街道、里弄图书馆或居委会图书馆的形式存在。20 世纪 80 年代中期，我国城市社区建设初现端倪，城市社区图书馆的概念得以确定。近年来，随着国家对文化建设尤其是公共文化服务体系建设的高度重视，社区图书馆建设得到了比较迅速的发展，城市社区图书馆日益形成体系，乡镇社区图书馆和农村社区图书馆（农村书屋）也逐渐发展起来。作为全国图书馆服务网络的"神经末梢"，社区图书馆服务人群广、服务面宽，是最贴近大众的图书馆服务点，成为整个图书馆服务网络的基石。

社区图书馆服务作为公共图书馆服务的一种类型，具有基本公共文化服务的一般属性，其标准化建设也遵循基本公共文化服务标准化的一般原则。从国外公共图书馆标准化建设的经验来看，标准化工作对于图书馆事业的迅速发展具有重要意义。数量庞大、规模相对较小、最贴近百姓的基层社区图书馆标准化需求更为迫切。

社区图书馆标准化即是通过对社区图书馆服务标准的制定、发布和实施，促使社区图书馆服务的要素配置均等化、服务质量目标化、服务方法规范化、服务提供程序化，从而为公民提供基本、便利、均等、公益的图书借阅服务。

自 1979 年全国文献与信息标准化技术委员会成立，到 2008 年全国图书馆标准化技术委员会（以下简称"图标委"）挂牌，我国图书馆界对标准化工作的认识不断加深，在标准化的实践中探索了一条可行方案，同时对基层社区图书馆的建设也起到了较好的指导作用。推进标准化建设正在成为社区图书馆提升服务能力、提高服务水平的重要路径。

一 社区图书馆（室）建设中存在的突出问题

由于长期以来基层文化建设投入有限，社区图书馆的总体服务水平较低。大部分社区图书馆图书资源陈旧，更新速度较慢；服务质量不高，开放时间不方便居民；资源与需求错位，提供的书籍、报刊不符合读者需求和兴趣；服务人员素质总体不高，服务意识不强；没有形成社区图书馆体系，资源缺乏共享等。从全国城市社区图书馆的现状来看，社区图书馆的发展很不理想。由于受到观念、技术、经济、管理体制等各方面因素的影响，我国社区图书馆建设还存在一些明显的问题，突出表现在以下几方面。

其一，社区图书馆的管理体制和机制有待进一步理顺。

我国的社区建设和发展还不完善，社区图书馆建设也处在摸索阶段，社区图书馆在不同地区和城市的发展极不平衡，不同地区建设模式也有很大差异。上海、北京等大城市的中心社区图书馆发展较快，也涉及一些综合性服务项目；中小城市则发展较慢甚至尚未启动，或者仅仅把社区图书馆建成图书室；有些城市的居民小区通过各种途径开设了自己的图书馆，但这样的图书馆基本上各自为政、互不相干，在业务上缺乏互联互通。

此外，社区图书馆的运行和管理同时受到社区自治组织、政府文化行政部门、上级公共图书馆等多方面的领导和管理，现实中也存在组织架构不清、管理权责模糊等问题。总的来说，目前我国社区图书馆的定位是"小型、分散、众多、方便居民"，距离形成一个服务网络还很遥远，也使得社区图书馆在融入公共文化服务体系的过程中出现一定程度的困难。

其二，公共图书馆标准难以有效指导社区图书馆的管理和运营。

自1979年以来，我国已经陆续制定了30余项公共图书馆领域的国家标准。[①] 2012年，国家标准化管理委员会审查通过并正式颁布的《公共图书馆服务规范》（GB/T28220—2011），成为我国公共图书馆服务领域的首个国家标准。

社区图书馆是公共图书馆在基层的延伸，从本质上来说也是一种公共图书馆。与传统的大型公共图书馆相比，社区图书馆更深入基层、

[①] 詹福瑞：《在全国文化行业八大标准化技术委员会成立大会上的讲话》，《国家图书馆学刊》2009年第1期。

读者对象更广泛、更直接贴近群众的文化生活，在定位、功能、规模和管理体制上与公共图书馆存在较大差异。

传统图书馆分级体系未能切实考虑社区图书馆的管理体制属性。在计划经济高度集权的行政体系下，形成了"一级政府建设与管理一个图书馆"的分级建设与管理体系。[①] 最新的《公共图书馆服务规范》（GB/T28220—2011）依然采用了依据行政级别进行分级分类指导的方式[②]，而对于作为社区自治组织管理的社区图书馆，并没有提出相应的规范。县以上公共图书馆更多地强调专业性，而社区图书馆作为社区中心的重要服务平台，则应更多地体现综合性。

没有针对社区图书馆的特定服务内容和特殊服务群体制定服务标准。例如，《公共图书馆服务规范》（GB/T28220—2011）没有针对特定服务内容或特殊服务对象的内容。作为对比，美国图书馆协会在《信息服务指南》之下，还制定了针对不同服务内容的《联合参考咨询服务指南》《虚拟参考咨询实施与管理指南》，以及针对不同服务对象的《为老人提供图书馆信息服务指南》《为精神残疾人士提供图书馆服务指南》《12~18岁用户服务指南》等具体的服务标准，这些标准与《信息服务指南》一起构成一个普遍性与特殊性相结合的完整体系。[③] 同样，社区图书馆的服务对象与公共图书馆不同，以儿童和老年人为主，二者在服务方式和服务内容上也存在较大的差别。

近年来，国家和地方政府对基层文化设施给予了大力资助与支持，陆续启动了"农家书屋""图书馆进社区""全国文化信息资源共享工程进社区"等社区图书馆建设项目，在很大程度上加快了社区图书馆的发展。由于各方面的因素（财政投入、政策支持、人员建设等），社区图书馆的建设规模、管理水平、服务能力和人员队伍等都还存在一定的不足，这些因素使得现有的公共图书馆相关标准并不能完全适用于基层图书馆，也不能更好地指导和促进社区图书馆的快速发展。因此，制定一套符合社区图书馆发展现状、体现社区图书馆特性的标准规范

---

① 梁欣：《我国公共图书馆服务体系建设：治理模式研究》，《中国图书馆学报》2009年第6期。
② 李丹：《〈公共图书馆服务规范〉评述》，《图书馆》2013年第1期。
③ 李丹：《〈公共图书馆服务规范〉评述》，《图书馆》2013年第1期。

体系是保障其可持续发展的重要举措。①

其三，社区图书馆的发展受制于社区服务中心的建设和管理水平。

社区服务中心可以追溯到19世纪末英国和北美国家的"安置中心运动"。在世界各国，尽管名称不同，但社区服务中心已经成为向民众提供日常公共服务的重要平台。在我国，城市社区服务中心作为一种综合性、公益性社区服务机构，是伴随社区服务和社区建设事业的发展而出现的。

长期以来我国社区服务中心与社区图书馆一样发展不均衡，在不同地区甚至同一地区的不同社区间，经费来源、管理体制、服务水平等方面都存在较大差异，社区服务中心的建设和管理也较为松散，不成体系，成为社区图书馆标准化建设的障碍。进行社区图书馆的标准化建设受到所在社区现有的运行模式和工作惯性的制约。由此可见，社区图书馆标准化与社区服务中心建设密切相关，需要统筹兼顾、系统推进。

其四，社区图书馆与区级图书馆之间缺乏有效的互动机制，难以充分利用区级图书馆的优质资源和管理经验。

我国社区图书馆以小型、分散、数量众多、方便居民为特点，与大中型公共图书馆在馆舍面积、现代化水平、馆藏、人员素质等方面差距较大，迫切需要区（县）公共图书馆在图书资源、管理经验等方面提供指导和帮助。

但是，由于受到管理体制的制约，社区图书馆在行政上隶属于社区服务中心，只是在业务经营上接受区（县）图书馆的指导。区（县）图书馆对社区图书馆缺乏刚性的考核和约束机制，而社区图书馆在问责机制上主要是对社区居委会负责，这种权责的错位导致社区图书馆与区（县）图书馆难以形成有效的良性互动。

其五，社区图书馆管理运营水平低下，观念陈旧，服务方式单一，服务手段落后。

除了各种外部因素，基层图书馆在自身的管理方面也存在诸多问

---

① 王秀香、申晓娟、李国俊：《我国基层图书馆标准规范体系构建》，《图书情报工作》2012年第21期。

题，如基层图书馆管理观念跟不上社会发展的步伐、管理水平跟不上时代的发展节奏、服务方式和手段满足不了不同读者的需求、服务质量适应不了读者的"口味"。

由于基层图书馆的经济效益差，馆员收入较低，很少有大学生毕业后选择去基层图书馆就业，而基层图书馆馆员又很难获得再培训、再教育的机会，这就造成基层图书馆很少能注入新的"血液"。[①] 从业人员的学历结构、知识结构、年龄结构和职称结构难以应对信息技术革命、信息化图书管理的新局面。

因为上述难题，通过社区图书馆的标准化建设推动基层公共图书馆服务的体制机制创新，成为现代社区公共图书馆建设的重要途径。

二 公共图书馆总分馆制的国际经验

体制机制是公共图书馆服务体系建设的中心环节，在公共图书馆建设中，体制机制创新就是探索图书馆内部各项业务之间或各个部门之间的关系，以及图书馆上下级及同级之间的关系。总分馆制是体制机制的一种创新，把各个图书馆联结成一个网络体系。一般说来，社区图书馆总分馆制是构建"总馆-分馆"二层网络体系，通常以区图书馆为总馆，以街道社区图书馆为分馆，实行统一拨款、统一采购、统一编目、统一配置、统一服务制度，实现"一卡通"和通借通还，提高公共图书馆的整体效能。[②]

公共图书馆设置总分馆的体制源于美国，而且几乎从公共图书馆诞生之初就有。目前这种体制普遍存在于欧洲、澳大利亚和日本等发达国家和地区。最大的优势是不仅能通过馆舍数量的增加，扩大图书馆服务半径和服务人群，最大限度地普及图书馆服务，而且能有效地共享资金、设施设备、人力和文献资源，提高图书馆服务的效益。在美国，地

[①] 问荣娥：《浅谈基层图书馆存在的问题及信息化建设的必要性》，《现代工业经济和信息化》2013年第14期。

[②] 林蓝：《公共图书馆服务应加强体制机制创新：以深圳市福田区图书馆为例》，《中国文化报》2012年11月27日，第12版。

方公共图书馆以地方辖区为单位设立，是否设立分馆通常由服务区域规模、社区和服务人口的数量决定，宗旨是方便区域内的所有居民就近阅读书籍，扩大图书服务的地域范围和影响。①

"广泛普及图书馆服务"是美国公共图书馆立法的主要价值理念。在"公平的阅读"和"平等获取信息"价值观的指导下，州、郡、市、镇等行政区普遍设立公共图书馆，各公共图书馆又根据服务的半径和人口数量设置分馆，这是美国广泛普及图书服务的有效途径。

在美国，总分馆制度下总馆和分馆同属于一个法人单位。其馆舍、经费、人力资源、藏书、入藏书刊和多媒体的整理加工、网络数字资源的利用、图书馆参考咨询服务、图书馆流通服务，都在总馆的统一领导和调配下进行。例如，芝加哥从1989年到2009年新建或翻新了52所社区图书馆（即分馆），都是在芝加哥公共图书馆与芝加哥市政府的通力合作之下进行的。

总馆和分馆之间设立协调会议工作制度，协调全馆业务工作和各分馆的服务。各公共图书馆所发文件和通知都会及时送达本馆各分馆，分馆负责人也会把分馆工作中存在的问题和成效及时向总馆汇报。以列克星敦公共图书馆为例，该馆每月第一个周二的下午召开协调会议，地点选在5个分馆中的1个，会议由举行会议的分馆的负责人主持，汇总各分馆业务需求和服务工作情况。

从美国东部、中部、西部地区主要城市公共图书馆的肇始即可见公共图书馆总分管制的形成机制，典型的分为波士顿模式、纽约模式、早期芝加哥模式以及洛杉矶模式。

在总分馆制度以外，另一类管理模式是图书馆联盟。图书馆联盟是在一个地区或更大的范围内，通过不同图书馆之间的合作和协调，进行资源共享，共享的资源包括人力、业务和文献等多种。美国的公共图书馆53%以上直属市区管辖，15%属政府的分支单位，10%属郡政府，3%属多重政府机构，2%属于不同的校区。不同隶属关系的图书馆可以通过力量整合实现文献、人力、物力的资源共享，弥补各类图书馆的数

---

① 王嘉陵：《美国公共图书馆总分馆制考察》，《图书馆理论与实践》2011年第4期。

量和品种的不足,满足各类读者的需求。

公共图书馆总分馆制在组织运行、管理和经费开支上均区别于图书馆联盟制度。公共图书馆总分馆制度是一所图书馆内部设置若干分馆,是一个单位,由总馆统一领导;而图书馆联盟则是不同图书馆之间的合作,各参与图书馆均为独立核算单位。[①]

三 我国公共图书馆总分馆制的实践探索

从国外的公共图书馆建设经验来看,公共图书馆总分馆制模式具有两方面的好处:其一,总分馆制度有效扩大了图书服务的覆盖范围,为更大区域范围和更多人口提供了有保证的图书资源服务;其二,总分馆制度能够有效地提高资源的利用效率,降低重复建设的成本。例如馆际之间图书的交叉利用、电子资源的共享,此外还可以避免图书采购、信息系统建设等重复建设产生的浪费。

国内的总分馆制实施模式主要包括三类:纯粹的总分馆模式,如大连图书馆的鲁迅路分馆、2008年成立的长春图书馆的铁北分馆;准总分馆模式,如深圳市福田区图书馆、北京市西城区图书馆;联盟性质的总分馆模式。纯粹的总分馆模式较准分管模式更为严格,人、财、物资源由总馆统一管理调配,这种模式下,总分馆作为一个统一有机体,联系更为紧密,一般实行一卡通、通借通还等统一化服务;准总分馆模式是在不改变原有的行政隶属及人事财政关系条件下的总馆统一指导规划与分馆协调实施;联盟性质的总分馆模式是一种较为松散的总分馆形式,强调联盟成员间的互动、协调及共建共享,试图将图书馆联盟和图书馆总分馆制度结合起来。[②]

从总分馆制度在我国的实际利用情况来看,以区图书馆为龙头、以街道社区为分馆实行总分馆制,是最符合实际又最具可操作性的模式,也应该是现有体制下城市图书馆的发展方向。

[①] 王嘉陵:《美国公共图书馆总分馆制考察》,《图书馆理论与实践》2011年第4期。
[②] 宋薇:《图书馆总分馆制研究:以江阴市图书馆为例》,《科技情报开发与经济》2014年第22期。

具体来说，纯粹的总分馆制模式和准总分馆模式实现的前提是行政管理体制、文化管理体制、财政和人事制度在同一级别上的统一协调。目前，尤其在"分级财政"上，如果建立以省、市级图书馆为中心馆、街道社区馆为分馆的总分馆制度实际上面临着不同级别财政协调的障碍。因此，以区图书馆为龙头，以基层街道社区图书馆为分馆实行总分馆制是我国现有体制下最具可操作性的创新。①

四　基层社区图书馆标准化的国际经验

国际上公共图书馆标准化工作由来已久，早在19世纪美国著名图书馆学家迈威尔·杜威在发起公共图书馆运动时就曾大力提倡推行图书馆标准化工作。② 由于建设时间较长和政府的重视，发达国家和地区公共图书馆相关立法和标准规范发展迅速，公共图书馆体系也比较完善。③

美国基层图书馆相关标准可分为技术类和非技术类。前者主要由美国国家信息标准组织（简称NISO）制定，其标准覆盖开放互联、检索系统、元数据、编目、馆藏说明、服务等多个方面；而后者由美国图书馆协会（ALA）及其成员单位制定，ALA于1933年制定的《公共图书馆标准》是目前最早的图书馆标准，也是图书馆界最为重视的一项标准，对美国基层图书馆乃至世界公共图书馆事业的发展都具有重要借鉴意义。

在英国，公共图书馆实行政府宏观管理、行业协会自治管理和以理事会为核心的法人治理相结合的管理体制。博物馆、图书馆和档案馆委员会（MLA）履行推进图书馆立法、制定行业标准、建立行业准入等职能。英国图书情报专业人员注册协会（CILIP）不仅制定各类标准，同时还鼓励成员实施标准，分享经验，促进图书馆服务的提升。对于英

---

① 王嘉陵：《美国公共图书馆总分馆制考察》，《图书馆理论与实践》2011年第4期。
② 李丹、刘雅琼：《论标准化工作与基层图书馆的可持续发展》，《图书情报工作》2012年第21期。
③ 邵燕、姜晓曦：《国外公共图书馆标准化工作对我国基层图书馆标准制定的启示》，《图书情报工作》2012年第21期。

国基层图书馆来说，影响最大的就是由英国文化、传媒与体育部在2001年制定的《全面高效的现代化公共图书馆——标准与评估》，2006年3月，进行了修订并公布了《公共图书馆服务标准》，此后又进行了两次修订，沿用至今。

澳大利亚图书馆是一个以州为基础，各系统图书馆分而治之，全国图书馆自愿协调的管理体制。各州都是根据本州、本地区的实际情况和需要，制定图书馆法律、发展政策和管理方式。澳大利亚并未单独颁布与乡镇、社区或基层图书馆建设相关的标准规范，但是在已颁布的公共图书馆标准规范中，都涉及乡镇、社区或流动图书馆的相关情况，主要根据服务人口数量、馆藏数量、是不是分馆等确定图书馆标准。

日本基层图书馆可以界定为城市的区立图书馆和乡村的町、村图书馆。在这些市、町、村图书馆中，也包含了"过疏地区"的图书馆。近年来，随着日本人口高龄化和少子化进程的加剧，很多地方出现了人口长期减少的趋势，这些地方被政府指定为"过疏地区"。

日本图书馆标准的形式有：国家发布的标准；政府以文件形式发布的标准；行业协会发布的标准；各图书馆发布的标准。以国家标准形式存在的图书馆标准如2007年制定的图书馆统计标准"JIS X 0814"。1950年至今，日本陆续颁布了一些公共图书馆的相关标准。颁布标准的主要为政府机构、行业协会，如文部科学省、日本图书馆学会。有关乡镇图书馆比较重要的标准有：1950年颁布的《公立图书馆最低标准》、1989年公布的《公立图书馆的任务和目标》、2001年颁布的《有关公立图书馆设置及运营所期望的标准》。这些标准的颁布从整体上促进了日本图书馆事业的飞速发展。

五　推进社区图书馆标准化建设的建议

其一，重新界定社区图书馆的功能定位。

社区图书馆是我国公共图书馆服务体系的末梢神经。这一层次的图书馆具有数量大、覆盖人口多的特点，社区居民在家门口就能享受到公共图书馆提供的服务。社区图书馆是我国构建公共文化体系的重要目标之一。因此,其发展状况在很大程度上决定我国是否真正实现普遍均等的公共图书馆服务。①

社区中心的文化功能,包括为百姓提供图书阅读、文化活动、体育健身等方面的服务。社区图书馆承载了社区文化服务的大部分功能,并且在实际工作中也与社区服务中心有很大重叠。在社区中心建设过程中,建议以社区图书馆为核心进行社区文化服务功能的整合,将图书借阅、文化活动、体育健身等功能进行适当整合,充分发挥社区中心专职人员和群众的力量,探索社区文化中心建设的新路径。在对社区图书馆的场地设施、管理机制、人员配置、服务要求等进行标准化建设的同时,带动整个社区服务中心的标准化建设。

同时,建立纵向的社区中心管理责任制,与区级党政领导和各级行政人员绩效挂钩,如果社区图书馆和社区中心建设不力,则对主管领导测评扣分。这可以有效保障社区图书馆的标准化建设,并可避免目前社区中心建设中诸如运行经费挪用比较严重等问题。

其二,建立以城市各区图书馆为中心馆,乡镇街道及社区图书馆(室)为分馆的总分馆体系。

一是建立区图书馆联盟的理事会制度,建立由各方代表、专业人士、各界群众组成的理事会,对图书馆的经营目标、方针、途径进行规定,对日常活动进行统一管理。目前在我国,一些高校的图书馆联盟已经积累了一定的经验。

近年来,一些区的社区图书馆建设充分动员了包括政府、社会力量、社区居民在内的多方力量,在由政府单独供给向多元供给转变方面积累了丰富的经验。在此基础上,进一步创新管理制度、打破政府一家提供社区图书馆服务的局面、扩大参与范围、建立理事会制度,不仅是构建现代公共文化服务体系的需求,也是适应社区图书馆建设的方向,增加社会参与、增强社会互动,满足社区居民日益增长的文化需要和实现其文化权益的有效途径。

二是建立区馆和社区馆的互动机制。可以从两个方向着力:一是建

---

① 谭舒:《基层社区图书馆的总分馆制模式探析》,《图书馆学刊》2009 年第 9 期。

立区馆与社区图书馆联盟，以总分馆的形式促进图书馆间的标准化管理、提高资源整合力度；二是建立区图书馆联盟的理事会制度，通过标准化的管理模式促进馆际互动和群众参与。

其三，以标准化为手段，推动社区图书馆运行的规范化。

应致力于实现"工作有目标、办事有程序、奖惩有依据"的良性运行状态。一是在业务流程标准化建设方面，图书流通外借程序、图书馆办公流程等都具有组织趋同性，适宜进行标准化建设。以图书采购荐购为例，中心馆和分馆业务接口标准化，进行统一采购、统一编目、统一标识。二是在服务规范标准化建设方面，通过服务理念、服务质量、服务行为等方面的标准化建设，提高图书馆向社会提供优质"知识服务"的能力和水平，完善图书馆和居民用户的服务接口对接功能。三是在评价考核标准化建设方面，从基本规则入手制定工作标准，再通过监督检查保证标准实现，因此评价考核也是标准化建设的重要部分，通过提高图书馆工作的基础水平，解决图书馆管理薄弱问题。四是在馆藏图书的购买、文化活动和讲座开展、绩效考核等方面充分考虑社区居民的参与，而且在推进社区图书馆理事会制度和社区图书馆联盟建设方面，进一步扩大群众参与泛围。

其四，鼓励社会力量依据标准参与社区图书馆（室）的运营管理。

从我国社区图书馆的现状来看，社区图书馆的建设模式多样化，不同地区根据地方特色和现有条件因地制宜开办社区图书馆。目前，不同社区根据情况或是把社区图书馆与小区活动室、阅览室结合，或是以社会力量参与建设咖啡书屋，或是政府提供硬件设施而由社会力量参与管理等建设图书馆，取得了一定的工作成效。

然而，无论何种建设模式，社区图书馆的标准化都为不同类型的社区图书馆提供了基础，通过对社区图书馆的管理、服务进行统一标准的规范化要求，可以避免在多元化的模式下，社区图书馆管理分散、服务差异大、各自为政等问题。在社会力量参与程度不断加深的过程中，需要社区图书馆标准化工作向外延伸。通过对服务规范、产品质量进行标准化管理，规范不同服务主体的行为，使之达到较为统一的服务质量和水平。

其五，以数字化为手段，搭建区图书馆与社区图书室数据共享和信息交换平台。

现代信息技术的运用可以有效实现信息资源共享，及时反映群众需求。但从信息平台的整体建设来看，社区图书馆信息技术的覆盖和普及还需加强。同时应继续推进信息技术的标准化建设，以统一的信息技术标准促进社区图书馆间的信息整合和资源共享。另外，随着技术的进步，社区图书馆的信息技术运用也应不断更新，与时俱进，推出新的符合居民需求的信息服务。因此，社区图书馆的信息技术标准化建设也要不断更新，建立能够及时反映群众需求的长效机制。

其六，加强对社区图书馆管理人员的培养，提升队伍素质。

传统的人力资源管理和标准化的人力资源管理最大的区别在于是不是事后管理。标准化的人力资源管理是通过制定和贯彻标准，建立质量保证体系，并通过信息反馈通道，使服务功能根据读者需求延伸，从而保证持续的高质量服务。[1]

应将社区图书馆人员队伍的建设同标准化结合起来，明确界定社区图书馆管理人员的工作职责以及相关的工作制度和工作标准：一是与自身工作职责有关的部分，包括部门职责、岗位职责、本岗位各项工作程序、工作标准等；二是馆内各项统一管理规定，包括禁令、考勤、奖惩等。[2]

其七，继续拓宽居民参与社区图书馆管理的渠道。

人民群众的权益是公共文化服务的基础和根源，根据居民的需要确定标准，动员群众参与管理，也是社区图书馆标准化建设的基本要求。标准化工作可以减少居民参与管理的随意性，提高参与的规范化水平和有效性。因此，制定和实施相关的管理标准和保障标准，为居民参与提供制度保障和标准规范应是社区图书馆标准化工作的主要突破口。

---

[1] 郭敏芳：《图书馆与标准化》，《情报探索》2003年第3期。
[2] 王立波：《公共图书馆标准化建设探析》，《科技情报开发与经济》2013年第4期。

以网络发展推动"开放政府"的治理转型

贾 开[*]

摘 要

互联网的"开放性",以及由此形成的互联网文化的"开放性",对传统封闭式科层组织产生了强烈冲击,现代政府不得不面临治理理念和政治文化的剧烈转型。

"政府秘密"在不同历史环境中会被赋予不同内容,反映了"控制信息"和"推动公开"这两股力量此消彼长的变化过程。就当前的"开放政府"建设而言,无疑后者压过了前者。"开放"的互联网以及互联网文化在这其中起到了非常重要的促进作用。

2015年,国务院相继印发《关于积极推进"互联网+"行动的指导意见》和《促进大数据发展行动纲要》,明确提出在2018年建成国家政府数据统一开放门户,推进政府和公共部门数据资源统一汇聚和集中向社会开放。政府官员不再视信息公开为"洪水猛兽",互联网的应用与普及已经使他们超越了对旧有科层观念的担忧与抵触,开始认识政务数据开放可能带来的潜藏价值。

目前具体部门在推进数据开放进程中仍然面临不少阻碍。政府部门需要加深对"开放"的理解,学会用"互联网思维"推动"开放政

---

[*] 贾开,清华大学公共管理学院博士,富布莱特学者。

府"建设。强调互动参与的政务微博、围绕价值创新的开放数据、提升政府能力的合作治理，构成了"开放政府"建设的三个方面，需要从这三个方面完善当前的政策实践，促进"开放政府"的整体性建设。

以2009年美国政府颁布《开放政府计划》为标志，"开放政府"的治理理念已为越来越多的国家所接受。英国、荷兰、澳大利亚等国相继颁布法令，推动"开放政府"建设。就国内而言，自2014年"大数据"首次写入《政府工作报告》并明确提出"数据开放"之后，2015年国务院相继印发《关于积极推进"互联网+"行动的指导意见》和《促进大数据发展行动纲要》，将推动公共数据的资源开放列为政府的主要工作。虽然中国尚未从国家层面具体提出"开放政府"这一概念，但研究者普遍认为，从"开放数据"到"开放政府"，仅仅是"一步之遥"。

"开放政府"所包含的"人民有权了解政府及其运作信息"的理念并不新鲜，甚至可以追溯到启蒙运动时期。始于20世纪80年代的公共治理改革，强调的同样也是改革传统、封闭的官僚体制，转向更加透明、更具回应性的多元治理结构。但是，当前的"开放政府"建设在广度和深度上都远超前代。"通过创造一个前所未有的政府开放水平，在保证公众信任的同时，建立透明、参与、协同和负责的政府"，奥巴马《开放政府指令》的这一目标不仅在美国落了地，更在短短几年时间内成为各国竞相追逐的对象，并被视为未来政府转型的方向。

科层组织作为现代政府的重要标志，建立在封闭式专业分工的基础之上，通过信息控制以实现权力结构的层层传递。"开放政府"的理念与此大相径庭。如果考虑到布什政府在推进"反恐战争"过程中曾积极宣扬"政府秘密"的重要性，并将其扩大至社会生活的方方面面，奥巴马的"开放政府"建设与此形成的反差无疑显得更为强烈。究竟是何种因素推动了"开放政府"理念的普遍化？

本文认为，从"科层政府"到"开放政府"，体现了治理理念的巨大转型。推动这一过程发生的，正是互联网作为一种技术工具的应用与普及，以及相伴随的互联网文化对于传统理念的冲击和洗礼。事实上，治理理念是政治文化的重要组成部分，技术进步并不一定能让这一领域发生剧烈变革,后者总是可以通过"吸纳"或"重塑"的方式将前者整合至已有体系,以维持甚至加强当前政治文化的稳定性。但与历史上其他跨时代技术相比,互联网的"开放性",以及由此形成的互联网文化的"开放性",对传统封闭式科层组织产生了强烈冲击,现代政府不得不面临治理理念和政治文化的剧烈转型。

一 "政府秘密":"科层政府"的信息控制

政府组织形式从个人依附或封建世袭到科层结构的转变,是现代政府的主要标志。如韦伯所指出的,伴随此一过程的,是"政府秘密"作为科层政府特定发明的出现,科层政府将不遗余力地保守政府秘密。

科层政府天然倾向于"政府秘密"有两方面原因。一方面,借"秘密"之名,政府能够有效掩盖其过失、错误,甚至是犯罪行为。既然"公开是最好的防腐剂",那么反过来,"政府秘密"也是最好的"遮羞布"。另一方面,"政府秘密"也被视为通向权力的直接路径,而这一点对于政府而言无疑具有更大的吸引力。作为一种规制方式的存在,"政府秘密"意味着对信息的控制。

但是,"政府秘密"是否能够发挥前述作用还取决于其所定义的内容和范围。虽然政府往往都是以国家安全、行政效率的名义拒绝信息公开,但具体而言,究竟哪些信息属于"政府秘密"的范围,则是没有形成共识的不确定区域。"政府秘密"往往随着社会背景的不同而发生变化。以美国为例,其对"政府秘密"的定义可按照三个法案的出台划分为三个阶段:1917年的《间谍法案》、1946年的《原子能法案》和2001年的《爱国者法案》。伴随着这三个法案的出台,"政府秘密"的范围以及政府控制信息的体系都在不断扩大。

2001年"9·11"事件之后,以"反恐战争"之名,布什政府很快推动了《爱国者法案》的通过,并在2003年颁布13292号总统行政令,全面收缩了克林顿政府时期的信息公开政策。具体而言,这一时期对"政府秘密"的定义有三个特点。第一,通过扩大"关键基础设施"的覆盖范围,法案极大地扩充了"政府秘密"的内容,这其中最重要的突破便是将网络空间纳入其中。第二，在强调"国家安全"的大背景下，政府部门随意将大量政府信息划为"限制公开"的种类。2007年的调查显示，超过100种政府信息被纳入此列，其中大部分未经法律授权。第三，由于"反恐战争"并没有确定的敌人，也没有确切的结束时间，"政府秘密"实际上处于无限期、无范围的模糊状态，任何信息都可能在任何时间、任何地点被限制公开。从这个角度看，此时期已经超越前两个阶段关注"政府秘密"具体范围的确定，取而代之的是广泛的、不确定的，包括社会生活方方面面的信息控制。

美国历史的变迁过程表明，"政府秘密"从来都未曾消失，或者有丝毫的减弱；相反，作为与科层政府相伴而生的产物，在不断加强与扩充。从军事信息到科研成果，再到社会的方方面面，政府始终试图限制信息公开和自由流动。也正是从这个角度讲，"开放政府"建设才显得尤为"反常"。

二 "开放"的互联网与治理理念转型

尽管"政府秘密"作为科层组织的典型文化始终未曾减弱，但科层政府控制信息的政策企图始终处于被批判的状态，"信息公开""透明政府"则一直为社会所呼吁。

互联网的"开放性"主要体现在三方面：认知层面的"包容性"、技术层面的"公开性"和内容层面的"参与性"。首先，互联网中的个体认知发生了巨大变化，遵从传统、固守规则的理性个体被自我释放、追求真实的包容性个体所取代。后者不仅愿意体验新事物的刺激，同时也愿意接受"自我释放"后所可能带来的负面后果，认为这才是"个性"的全部体现。其次，包括服务器、通信协议、操作系统在内的互联网关键组成部分都是由"开源软件"构成的，后者的核心特征是源代码的公开与自由获取。因此，开源软件的"公开性"自然意味着互联网作为一种技术系统的"公开性"。这同时也解释了为何"私有化互联网"的行为会招致剧烈且长期的抵制。最后，互联网在内容层面的"开放性"主要指不附加任何限制的"平等参与"，以维基百科为代表的"大众生产模式"(Peer Production)便是其集中体现。需要指出的是,虽然很多研究认为互联网类似于哈贝马斯笔下的"公共领域",但此处的"平等参与"却并非"理性的集体协商"(Deliberation)。后者强调参与者的确定性以及参与行为的持续性,但互联网对此没有任何要求,"随时加入、随时退出"意味着普遍参与和自愿参与,而这同时也意味着更加彻底的"开放性"。

作为一种技术实现路径,互联网的"开放性"使其长久以来都被视为"乌托邦"的寄托。但在涂尔干看来,技术进步对于社会的改变不仅在于其作为工具价值的影响,同时还在于其所包含的文化价值的意义。互联网的影响不仅提供了另外的技术可能性,还形成了对政治文化的冲击,而后者对于"开放政府"理念的普及可能更为直接和重要,主要体现在以下两方面。

一方面,互联网文化的"开放性"借助独立的社会力量得到了很好的塑造与诠释,既避免了科层制度对它的"吸纳"与"重塑",反过来又对传统政治文化施加了压力。不同于历史上的任何一次技术进步,互联网的"开放性"使其能够脱离制度性力量的束缚,被独立地阐释和塑造。开源软件、维基百科、"众筹众智"已经成为普遍现象为人们所接纳,人们已经开始认可独立于政府、市场而出现的第三种生产模式的可能性和有效性;同时,以维基解密为代表的互联网空间,甚至对传统政治文化施加了实质压力,使其不得不直接面对公众的质疑和呼求。互联网文化由此能够独立于传统政治文化之外,为促成后者的改变提供源源不断的力量。

另一方面,互联网在促进创新方面的成功,使人们越来越认识到"开放"的重要性。伴随着"创新"取代"公共安全""政府秘密"成为具有更高优先级的政府目标,"开放"也因而成为各国政府普遍接受的共识。[1] 互联网的早期设计者将"创新"视为最高价值,并将这一理念融入技术框架、协议代码的设计之中,最终推动了"开放"互联网的形成;互联网的"开放性",促成了创新的规模化、网络化,"共享

---

[1] Sanz, Esteve, "Open Governments and Their Cultural Transitions," *Open Government*, Springer New York, 2014, pp.1-15.

经济""平台经济"等新经济模式成为可能。当"创新"成为政府的第一要务时，聚焦于信息控制和政府秘密的传统政治文化不得不面临来自互联网的冲击和压力，"开放"也因而由互联网文化的核心向政治文化扩散，并逐渐占据主导位置。

互联网的"开放性"最终因其独立于传统政治体制的约束而得到了完整的诠释与宣扬，而"开放"之于"创新"的重要性又使得信息时代的科层政府不得不调整长期以来对于"政府秘密"和信息控制的依赖，政治文化转型因而得以发生。从这个角度讲，当前的"开放政府"建设被牢牢打上了互联网的烙印。

三 中国"开放政府"建设已迈出重要一步

2008年《中华人民共和国信息公开条例》颁布并施行。作为我国第一部"将政府置于阳光之下"的专门法规，被视为在满足人民知情权方面的重大突破。但就实施效果而言，仍然存在信息披露不完全、公众应用不积极等问题，该法案甚至因此被一些评论称为"微弱的"信息公开。就政府的角度而言，造成这一困局的主要原因在于，传统的行政机关治理理念倾向于拒绝数据公开。

2015年，国务院相继印发《关于积极推进"互联网+"行动的指导意见》和《促进大数据发展行动纲要》，明确提出在"2018年建成国家政府数据统一开放门户，推进政府和公共部门数据资源统一汇聚和集中向社会开放，实现面向社会的政府数据资源一站式开放服务"。虽然政务数据统一开放门户并不是"新鲜"事物，但这一次各级政府推动数据开放的决心前所未有。自上海于2012年首先上线"政府数据服务网"之后，北京、武汉、佛山等地方政府陆续推出开放数据平台网站；广州、沈阳、成都相继成立"大数据管理局"，专门负责政务数据的开放、开发；贵阳、北京相继成立大数据交易平台，推动政务数据的开放与再利用。

相较于此前常见的抵触与推诿，当前各级政府对数据开放的热情早已不可同日而语。尽管这在很大程度上是受到大数据产业兴起的激励,但不可否认的是,科层政府传统的治理理念正在发生巨大变化。政府官员不再视信息公开为"洪水猛兽",互联网的应用与普及使得他们超越了对旧有科层观念的担忧与抵触,开始认识政务数据开放所可能带来的潜藏价值。[1]

四 中国推进"开放政府"建设的政策建议

尽管各级政府已经将数据开放提到了非常重要的位置,具体部门在推进数据开放进程中仍然面临不少阻碍。开放数据的应用、管理责任的明晰、收益分配的规则,是亟待解决的核心问题。

其一,政府部门需要加深对"开放"的理解,学会用"互联网思维"推动"开放政府"建设。从"科层政府"到"开放政府"的治理理念转型过程中,互联网作为一种技术工具的普及与应用起到了非常重要的作用。"开放政府"建设同样需要借鉴"互联网思维",即社会力量的开放参与,以及"创新"作为核心价值观的普遍共识。

互联网时代以维基百科为代表的"大众生产模式"的崛起,充分体现了社会力量所潜藏的巨大价值。就此而言,"开放政府"对于互联网思维的借鉴,需要重视社会公众在数据再利用过程中的平等参与和开放参与。通过收益分配规则的重塑以及协调机制的创新,满足公众参与的多元激励动机,而不仅仅是将大公司作为数据开放和利用的对象。

"创新"作为互联网思维的核心价值观,要求政府部门改变传统科层政府对于"安全、专业、秘密"的价值遵循。这不仅体现为政府部门须以更加积极的态度面对信息公开,同时也体现为要以更加包容的心态面对信息公开所可能带来的不确定后果。为实现这种理念上的转换,政府部门便需要充分认识到"开放"之于"创新"的重要性,以及相伴随的对民主的要求和社会公平的实现。

其二,强调互动参与的政务微博、围绕价值创新的开放数据、提升政府能力的合作治理,构成了"开放政府"建设的三个方面,需要从

---

[1] 国务院网站: http://www.gov.cn/guowuyuan/2015-03/07/content_ 2829215.htm。

这三个方面完善当前的政策实践，促进"开放政府"的整体性建设。当前"开放数据"建设所面临的数据量少、价值低、高质量的数据应用缺乏等问题，本质上都是忽视"开放政府"整体性的具体体现。一方面，公众只有通过互动式参与了解政府运作的基本逻辑之后，才可能具备数据再利用的能力和兴趣；另一方面，政府部门只有通过合作治理切实体会能力提升的效果之后，才可能具备主动开放的激励和愿望。事实上，这三个方面早已分别存在于各地政府的政策实践之中，当前更多需要的是将三者联系为相互促进的统一整体，以最终实现"开放政府"的建设目标。反过来，也只有将这三者结合在一起，才可能避免"开放政府"建设"流于形式"的弊端，真正发挥其应有作用。

其三，互联网作为一种技术工具，本身也同时受到政治、经济、社会、文化等多种因素的塑造；其所赖以生存与繁荣的"开放性"，同样可能因为后者的影响而逐渐消失。日益强化的知识产权壁垒、逐渐扩大的内容审查范围、不断集中的网络垄断平台，是这一威胁的具体存在。从这个角度讲，我们需要清醒地认识到互联网的开放性对"开放政府"建设的重要性，认识到互联网的开放性对"民主""平等"这些核心政治价值的重要性。这样，可以更为积极和自觉地反对"知识圈地"的扩张、反对对网络中立的扭曲，以保护这来之不易的开放的互联网平台。

推动大数据环境下的政务信息资源开放[*]

王东宾 蒋余浩[**]

摘 要

政务信息资源以及政务大数据管理在我国尚处在发展的初期阶段，存在许多制度和政策方面的创新空间。利用大数据并使之作为支撑政府重大问题决策、促进政府管理改革、提升政府服务水平的有效抓手，已经成为推进国家治理体系和治理能力现代化的必然选择。

不同于一般的无形资产，政务信息资源具有公共性、基础性、关联性、持续性、规模化等特点。只有用起来的数据才具有价值，而不同的利用模式可能产生的价值千差万别。涉及政务信息资源开放机制的问题，应当综合考虑政务数据的价值模型，并以此作为政务信息管理的价值评估基础。

政务信息资源管理的制度设计包括两个方面：体系建设和能力建设。在数据产生、公开、利用和分配各个阶段，都需要辅以不同的微观机制创新，才能够最终实现政务信息资源的高效利用。政务信息资源管理能力建设不仅仅指政府能力的建设，也包括市场、社会的能力建设。

---

[*] 本文研究过程中得到了清华大学公共管理学院崔之元教授、北京市信息资源中心穆勇总工程师和王薇女士的指导。

[**] 王东宾，北京大学经济学院博士后；蒋余浩，清华大学公共管理学院博士后。

加强政务信息资源管理还需要建立一系列配套机制，主要包括激励相容的机制设计、公共利益与数据产权的平衡机制、隐私保护与信息安全的平衡机制、数据增值收益的分配机制。

随着联合国"开放政府合作组织"的成立、世界银行政府数据开放项目的推进，以及2009年美国政府《开放政府指令》的出台，政府数据开放逐渐成为各国政府改革和新兴产业的重点领域而备受关注。但是，对于为何开放、谁来开放、开放什么、如何开放等问题，无论是在理论界还是在实务界，都尚未形成统一认识。

政务信息资源以及政务大数据管理在我国尚处在发展的初期阶段，存在许多制度和政策方面的创新空间。例如，政务大数据的治理问题、多部门的激励相容问题、开发利用机制建设及交易平台搭建问题、资产化管理方式在财务和会计制度上的协调问题、信息安全及个人信息保护问题等，都有不少需要深入研究的地方。本文就其中的基本问题提出初步的思考，以期引发讨论，为制定推动政务信息资源开放的政策和法规做准备。

一　政务信息资源开放时代的到来

就内容而言，政务信息资源是一类非常重要的数据资源，它包括"政府存在状态的数据、政务运作过程的数据、政府运营和实施管理过程中采集、生产或转换而来的数据"。[①]

长久以来，政务信息资源的价值仅体现为信息公开，被视为满足公民知情权的重要方式。但随着互联网尤其是移动互联网的飞速发展，大数据及其应用已经成为时代的主题。

在此背景下，政务信息资源，尤其是政府在履行职能过程中采集、生产或转换的数据信息，开始凸显其经济价值、社会价值。通过数据开放的形式，实现政府信息资源的增值利用，成了新时期的战略

---

① 参见付熙雯、郑磊《政府数据开放国内研究综述》，《电子政务》2013年第6期。

要点。2014年麦肯锡报告指出，G20国家的政府开放数据战略将在未来五年内带来13万亿美元的产出增量，相当于推动G20国家GDP增长1.1%。①

伴随着"互联网+"上升为国家战略，我国近年来也陆续出台促进大数据发展的相关政策。2015年9月5日，国务院公开发布《国务院关于印发促进大数据发展行动纲要的通知》，提出在2017年底前形成跨部门数据资源共享共用格局，2018年底前建成国家政府数据统一开放平台。至此，推动政务信息数据资源的开放利用进入"快车道"。

尽管政务信息数据资源的开放利用已经被提到国家战略的高度，但究竟如何充分挖掘政务信息资源的潜力，使其发挥应有的巨大价值，仍然是亟待研究的核心问题。例如，如何设计有效的数据开放形式、如何创新激励相容的多元主体参与模式、如何平衡合理的开放数据收益分配模式，都是开放数据过程中绕不开的难题。

在已有关于政务信息资源资产化管理体系研究的基础上，需要将数据再利用的商业模式纳入研究范围，更加全面地完善政务数据的价值模型。信息资源再利用的主体、方式都存在较多不确定性，将这种不确定性纳入政务数据的价值模型之中，对于政务信息资源的资产化管理具有重要作用。

二 政务信息数据资源的基本分层

当代社会的政务数据，一方面具有重要的资产价值，存在资本化与市场化的巨大空间；另一方面又与社会管理、国家治理等问题高度关联，关涉国家信息的战略安全问题，内在地要求数据治理水平的现代化。政府数据的开放与开发、共享与共用，并不是自发自治的决策行为，需要厘清其边界。

数据资源有其基本分层，从中可以发现市场化的空间与边界。数据

---

① 网址：http://blogs.worldbank.org/opendata/open-data-economic-growth-latest-evidence，最后访问时间：2015年9月9日。

资源大体可以分为两类：基础层与应用层。

基础层主要指的是政务管理过程中形成的元数据。基础层一方面直接采集公民及其他社会主体的信息，与个人信息安全（包括隐私信息）等问题高度关联；另一方面与社会管理机制密切相关，与社会安全高度关联。基础层的数据搜集、汇集、开放、管理，需要较高层面的立法保护与行政指引，在许多环节上并不适合市场化。同时，基础层的数据采集、大数据中心（及信息安全）等方面对基础设施的要求较高，许多环节属于重资产投资领域。如果能与应用层形成安全有效的对接端口，形成收益流的反哺机制，亦可以尝试探索引入政府与社会资本合作（PPP）新型的融资和开发模式。

应用层主要指利用元数据形成的复合数据及应用。这一层是数据挖掘、数据开发的关键层，高度依赖创新和社会主体的多元参与，非常适合进行市场化开发和资产化管理。近年来，在浙江等金融发达地区，不断地尝试建立社会征信系统，即将社会信息（公安、税务等）与金融信息进行交叉对比和综合评估，以此来提高金融机构对于个人征信行为评估的有效性和准确性，既激励金融创新，又能有效地化解金融风险。此外，大数据在征税、医疗、交通等方面的应用，也在不断地创新与发展。

概括起来，基础层应更加注重隐私权和数据安全，政府承担的职责更多，应用层更需注重市场化，社会与企业发挥的作用更大。本报告提出的机制设计，主要是针对应用层面，但有关政府、市场与社会责任的讨论，则涉及基础层。

三 政务信息资源的价值模型

实现对政府信息资源的高效利用，构建价值模型是首先要解决的问题。不同于一般的无形资产，政务信息资源具有公共性、基础性、关联性、持续性、规模化等特点，难以纳入单一的资产化管理理论分析框架中，必须对这些属性有较为清晰的认识。

政务信息资源的公共性、基础性，指数据的产生源于公共投入，并聚焦于公共事务；关联性、持续性是指数据的价值根植于跨部门数据的联合，并需要持续更新与运用；规模化则指数据的体量巨大、种类繁多。

在正确认识数据属性的基础上，政务信息资源管理的基本内容是，通过数据开放，实现政务数据的再利用，并在此过程中实现数据增值。就具体实现形式而言，政务数据再利用的模式可按照以下三个维度进行分类：数据再利用的方式、数据在价值链中的地位、数据收益机制。不同维度的具体指标如表1所示。

表 1 政务数据再利用的模式分类

数据再利用的方式	数据在价值链中的地位	数据收益机制
数据积聚 数据再分类 数据混合 数据分析	数据作为最终产品 数据作为服务 数据作为核心部分 数据作为边际部分	免费增值 交叉补贴 网络效应

不同于传统意义上的资产评估方法，数据资源的价值离不开具体的再利用模式。只有用起来的数据才具有价值，而不同的利用模式可能产生的价值千差万别。例如，交通数据单独利用时，可作为引导人流的指示信息；如果与出租车位置数据相结合，则能提供高效的用车服务。很明显的是，二者的价值增值幅度存在天壤之别。也正因如此，涉及政务信息资源的开放机制，应当综合考虑政务数据的价值模型，并以此作为政务信息管理的价值评估基础。

四 通过政务数据开放实现合作治理

政务信息资源管理应该实现如下三方面目标的协调统一：政府治理能力得到提升、数据交易市场得到完善、公民普遍化获取数据的权利得到保障。政务信息资源管理的基本思路是，通过数据开放吸引公众参与数据的再利用过程，以提升数据价值，并最终实现合作治理。

但要实现这一目标,还存在一系列问题。例如,如何激励各部门主动且有效地开放数据。开放数据后,如何吸引其他主体积极参与对数据的再利用。对数据的再利用过程中,如何实现收益的合理分配,以实现可持续的稳定发展。这些问题都牵涉到数据开放的治理问题,同时也是政务信息资源管理的制度设计问题。

总体而言,政务信息资源管理的制度设计包括两个方面,体系建设和能力建设。本文尝试提出如下的政务信息资源管理制度框架。

其一,政务信息资源管理体系建设。

政务信息资源的价值在于能够被持续更新与利用,没有被使用的数据,是没有价值的数据。政务信息资源管理涉及多方主体,不能只依靠政府本身。政务信息资源管理体系建设重在理清不同主体间的相互关系,阐述不同主体所处的"激励-约束"环境,并在此基础上构建开放数据治理的制度框架。

政务信息资源管理体系主要牵涉到三方主体:政府、市场和社会。首先,"政府"是政务信息资源管理体系的供给主体,同时也是数据再利用、数据收益的主体之一。政务信息数据源自政府,其开放数据的质量、数量将直接影响数据再利用的效果。当前的"大数据"热潮中,有很大比例的数据来源于政府数据。另外,政务信息资源的再利用也会给政府职能转变、政府能力提升带来新的机会。其次,市场是政务信息数据再利用的主体,数据的增值价值在很大程度上依赖于市场主体积极性的发挥。但需要特别注意的是,在开放数据的语境下,不应把"积极性"局限为排他性产权基础之上的物质激励,而应该赋予其更为广泛和丰富的多元内涵,这也是将"社会"作为政务信息资源管理体系第三个主体的原因。相较于市场所青睐的"热门数据"(如交通数据),政务信息还包括很多"冷门数据"(如专利数据)。后者同样需要通过再利用的方式提升其价值,解决现存问题。"社会"在这方面将发挥非常重要的主体作用。总体而言,"社会"极大地丰富了数据再利用的方式,同时也进一步完善了数据治理的机制创新。

政府、市场、社会三者间关系如图1所示。

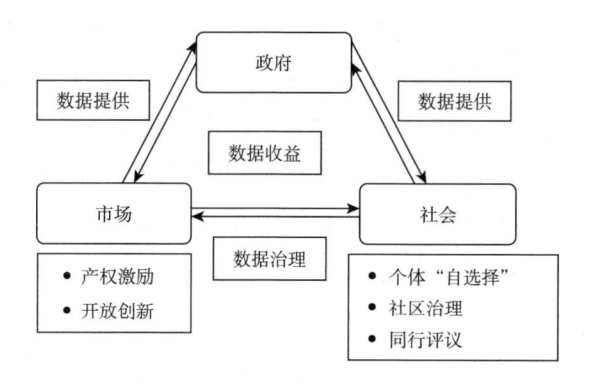

图 1　政务信息资源管理体系中政府、市场、社会三者间关系

其二，政务信息资源管理能力建设。

在体系建设的基础上，政务信息资源管理还需要特别重视能力建设。在数据产生、公开、利用和分配各个阶段，都需要辅以不同的微观机制创新，才能够最终实现政务信息资源的高效利用。政务信息资源管理能力建设不仅仅指政府能力的建设，也包括市场、社会的能力建设。在市场、社会还不够完善的当前，政府要有意识地引导市场与社会的能力建设。这样才能充分调动各方再利用政府开放数据的积极性，才能充分实现政务信息资源的潜在价值。

政府能力建设分为两方面，一方面是理念的转变，另一方面是数据资源管理能力的提高。前者需要政府各部门充分认识到开放数据所能够带来的创新机会，它不仅能够创造更大的数据增加值，同时也能够为政府治理能力的提高带来新的机遇。后者则需要在数据开放的配套机制方面有所突破，包括数据资源的采集登记、核算评估、运维审计等一系列制度的建设与完善。

市场能力建设重在数据利用商业模式的丰富，以及数据价值实现方式的多元化。市场主体的灵活性，使得他们能够更加敏锐地发现数据所具有的潜在价值。从政府角度来说，市场能力建设重在基础性数据与基础性制度的提供与完善。一方面，政务信息基础数据提供的质量，将直接决定市场主体再利用的难易程度；另一方面，制度为市场主体的行为划定了边界，版权保护、数据隐私、中间平台归责等制度，将极大地影响市场主体的行为选择。因此需要注意平衡各方利益，最大限度激励市场主体。

社会能力建设重在数据治理机制的完善。开放数据的价值模型以及价值规律，不完全等同于传统意义上的市场逻辑。"开放数据"强调的是"数据被自由地使用、重用和传播"，这不同于建立在排他性产权基础上的传统市场逻辑。也正因如此，开放数据的治理机制更多依赖于社会能力的建设与完善。"开源软件"的成功经验已经非常清楚地向我们展示了社会治理机制的丰富性。已有研究表明，开源软件的治理是开放政府、开放数据的理论基础。得益于开源软件的成功，"以开放促创新"才成为时代的主题，并在政府治理领域得到有效推广。"自选择"、同行评议、社区治理等多维度、多类型的微观机制，同样适用于开放数据的治理过程。

另外，国外开放数据的成功案例表明，社会组织在政务信息资源再利用过程中也起着非常重要的作用。作为一个"破冰者"，或者"中间人"，社会组织往往能够打破传统束缚，调动各方力量参与开放数据的治理进程。表2对三个主体所涉及的能力建设及当前存在的阻碍做了初步总结。

表2　政府、市场、社会的能力建设

主体	能力建设	当前阻碍
政府	●理念转变 ●采集登记、核算评估、运维审计等配套制度	●部门间利益冲突 ●开放数据的收益补偿
市场	●多元化的商业模式 ●规则制度（数据隐私、中间平台、版权保护）	●投机行为 ●"柠檬市场"问题
社会	●"自选择"机制 ●同行评议 ●社区治理	●社会信任的建设 ●社会组织的建设

五　政务信息资源管理配套机制的重点问题

加强政务信息资源管理还需要建立一系列配套机制，主要有以下几方面。

其一，激励相容的机制设计。政务信息资源作为一种特殊的数据资源，具有关联性的重要属性，其价值的充分发挥依赖于多种相关数据的相互关联，同时不同数据出自不同部门或不同主体之手。政务信息资源有连续性，需要不断维护、更新，需要数据提供部门发挥积极性、主动性；需要设计激励相容的管理机制，让不同主体、不同部门愿意且能够提供完整的政务信息数据，以最终相互协调，发挥政务信息资源的巨大潜力和价值。

其二，公共利益与数据产权的平衡机制。政务信息资源不同于私人部门所生产的数据资源，在利用过程中必须考虑其公共价值的发挥。另外，为激励多元主体参与政务信息资源的开发过程，并削弱"搭便车者"投机行为的不利影响，对参与者在利用政务信息数据过程中新增数据的排他性产权保护必不可少。但这限制了政务信息资源作为公共数据的"公共"属性。因此，需要平衡公共利益和数据产权之间的冲突，通过恰当的机制设计，既激励个体参与，又保全公共价值。

其三，隐私保护与信息安全的平衡机制，关键是数据的分类管理。政务信息资源是政府在履行职能过程中采集、生产或转换的信息，必然牵涉诸多个体的隐私信息，也牵涉诸多公共信息的开放，可能包括涉及公共安全的关键信息。在政务信息开放过程中，需要平衡隐私保护、信息安全与数据开放之间的矛盾。为解决此问题，数据的分类化管理成为必然的选择。需要对标准进行分类，并权衡不同标准的优劣。

其四，数据增值收益的分配机制。可以预计，不久之后，基于政务信息资源资产化管理的各种实践，将产生可观的数据资产增值，这种增值的初始来源是公民的参与和合作。在数据分层、分类研究的基础上，政府与市场、社会的角色与作用将更加明晰。在分配市场化收益之后，可能累积形成数据资产的公共收益。需要建立社会化共享机制，合理管理这部分公共收益。随着大数据时代的到来，所有信息都已数据化，所有数据都已电子化。信息数据已经不再只是作为一种资源存在，其同样承载着公民基本权利的内涵。公民隐私、经济平等、公共安全以不同形式存在于数据当中。从这个角度讲，在政务信息资源开放的制度设计进程中，包括数据隐私、平等获取、信息安全在内的其他价值追求应同等重要地纳入制度建设体系。

从"Peer to Patent"项目看开放政府治理机制

冉 成[*]

摘 要

通过数据开放提升合作治理能力，以最终建立"透明、参与、协同和负责"的"开放政府"，已成为当前全球的共识。但问题在于，"开放数据"并不自然促使"开放政府"的形成，后者还需克服多元主体参与治理的激励和多元主体集体行动的协调两大问题。具体而言，激励问题的核心是劳动分工、收益匹配与投机约束的机制创新；协调问题则重在决策评估和问责制度的规则重塑。

美国联邦政府"Peer to Patent"项目（以下简称 P2P 项目）在解决这两个问题上有重要的机制创新。P2P 项目是试图利用公众智慧来协助完成专利审批工作的试验性项目。因为微观机制方面的创新，P2P 项目最终解决了以"开放"促"治理"过程中的激励和协调困境。但当前的开放政府建设还处于早期阶段，治理经验还需要进一步积累、治理机制还需要进一步完善。

以 2009 年奥巴马颁布《开放政府指令》为标志，美国政府大力推进"开放政府"的治理实践。美国"开放政府"建设可概括为三个方

---

[*] 冉成，清华大学国情研究院研究人员。

面。第一个方面是以政务博客、政务社交为代表的"互动式参与",其主要借助 Web2.0 技术来实现政府与公众的信息交流。第二个方面是以政务数据公开为主要特征的"开放数据"。不同于传统意义上的信息公开,"开放数据"更强调"原始数据"(Raw Data)的公开,并寄希望于公众将它们以"更有效率、更具创新"的方式加以利用。

如果说"政务微博"和"开放数据"都还在围绕政府透明度做文章的话,"开放政府"建设的第三个方面是"合作治理",旨在吸引公众力量的平等参与以解决治理困境,典型代表便是由纽约大学法学院发起的"Peer to Patent"项目。

传统专利审核工作的困境在于审核效率和正确率的平衡,专利审核员的知识局限使其很难在较短时间内做出正确裁决。P2P 项目的价值在于,通过机制创新成功吸引了众多专业人士积极参与,为专利审批提供了快捷而又丰富的决策参考。P2P 项目的成功直接挑战了科层政府的有效性,以往认为不得不由政府完成的工作,现在依靠公众参与和社会自治也可完成。

一 "Peer to Patent"项目案例

P2P 项目是试图利用公众智慧来协助完成专利审批工作的试验性项目。专利审批传统上由政府部门负责,但伴随专利申请数量的增多,这项工作面临着难以平衡审核效率和正确率的基本困境。一方面,专利申请的数量每年都以指数量级增长,这其中的虚假申请当然也不在少数;但另一方面,技术的飞速发展在客观上要求某一项发明专利必须尽可能早地推向市场,否则将被迫面临"还未出生即被淘汰"的尴尬局面。因此,如何在不断提高审核效率的同时,保证专利裁决的正确率,是专利申请审核工作的当务之急。

解决该问题的传统思路是加大政府投入,但这一解决方案存在根本缺陷。一方面,资源投入的增长速度远远跟不上专利申请数量的增长速度;另一方面,信息不对称也将严重影响审核的正确率,政府工作人员没有能力对专利申请进行实质性的内容审核。

面对这样的情况，纽约大学法学院于 2007 年发起 P2P 项目，并在美国联邦专利和商标办公室（USPTO）的支持下，试图通过开放数据的形式，吸引众多公民参与治理。P2P 项目的主要内容包括四个步骤：首先，USPTO 在网站上公布专利申请信息，参与者选择自己感兴趣的专题参与评议，选择同一专利申请的评议者构成评议小组；其次，评议小组针对该专利申请的资格进行评议，评议者的评议意见需要提交相关材料作为佐证；再次，评议小组对组内所有的评议意见进行投票，票数前 10 的评议意见被提交给 USPTO 的专利审查员；最后，由专利审查员依据评议意见裁定该申请是否能够被授予专利（见图 1）。

```
┌─────────────────────────────────────┐
│      USPTO 公布专利申请信息           │
└─────────────────────────────────────┘
                 ↓
┌─────────────────────────────────────┐
│ 公众评议者对专利申请进行评议，形成评议意见 │
└─────────────────────────────────────┘
                 ↓
┌─────────────────────────────────────────────┐
│ 评议小组组内投票，排名前10的评议意见被提交给专利审查员 │
└─────────────────────────────────────────────┘
                 ↓
┌─────────────────────────────────────────────┐
│ 专利审查员依据评议意见裁定该申请是否能够被授予专利   │
└─────────────────────────────────────────────┘
```

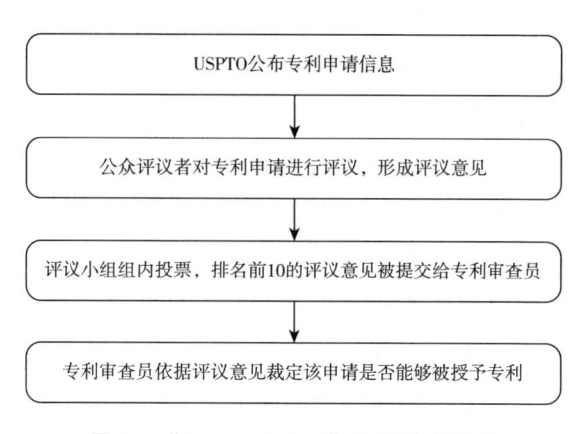

图 1　"Peer to Patent" 项目基本流程

P2P 项目启动后取得了很好的效果。在此项目之前，USPTO 有超过一百万份积压的专利申请，而专利审查官员只有 20 小时判断一项申请是否值得 20 年的专利保护期。20 小时内，专利审查官员要了解所有已存在的相关专利、相关研究，但其参考的数据库又相当有限。据统计，专利审查官员超过 50% 的精力都被用于专利申请信息的真伪鉴别，而对于每一份专利申请 USPTO 的官员最多只能提出一个类似产品的信息作为裁决依据。但实施该项目后，平均每份专利申请信息至少可以与五个类似产品信息进行比较，从而极大地提高了专利裁决的正确率。

事实上，P2P 项目一直被视为奥巴马"开放政府"计划的标志性案例。该项目的发起者、纽约大学法学院教授诺维克（Beth Noveck）以此为基础，在 2009 年出版了《维基政府》一书，系统阐述了其对

"开放政府"治理机制的理解。诺维克教授本人也在 2009 年被任命为奥巴马"开放政府"计划的副首席技术官。

二 "Peer to Patent"项目的激励机制

P2P 项目的治理逻辑是通过专利申请数据的开放,吸引公众参与以提升专利审批的效率。与任何开放政府项目一样,它同样要面对多元主体参与过程中"能不能、愿不愿、怕不怕"的问题。为解决多元主体参与的激励困境,P2P 项目在实践过程中发展出了一系列的机制创新,可总结为分工规则、收益规则和约束规则三个方面。

正是得益于这样的机制创新,该项目成功吸引了多元主体的积极参与。项目的绩效评估报告显示,有超过 2800 名志愿者成为该项目的评议人,行业覆盖范围超过 40 个,评议者平均在每件专利申请上投入 6 个小时。公众的有效参与为项目的成功奠定了基础。

其一,P2P 项目的"自选择"机制。

P2P 项目试图利用公众智慧提升专利审批效率的思路,面临的第一个挑战便是分散性个体的参与可能性问题。对于专利申请的评议工作而言,项目官员不得不面对的现实是参与者能力的千差万别,及其所能够投入精力的参差不齐。在不可能强制分配工作的情况下,分工规则必须解决碎片化参与和评议工作的匹配问题。

"自选择"机制是指项目并不提前规定、分配具体由谁来负责何种工作;反过来,它是由参与者本人依据自身的兴趣、能力来选择并承担相应工作,从而实现了能力、兴趣与工作内容的准确匹配。P2P 项目中,"自选择"机制的实现途径是,通过将专利申请信息进行分类管理和标签化操作,从而为不同评议者提供参与的可能环境。标签化的分类方式极大地提高了"自选择"机制的有效匹配率,使得参与者大体能够结合自身特点有针对性地选择专利申请进行评议。

P2P 项目还提供了分工的"内生增长"机制。具体而言,P2P 项目并不限制每个参与者的具体行为。在工作过程中,如果参与者有新的想法或兴趣,项目同样为其施展才能提供空间。任何一个对已有材料不满意的评议者,都可以在当前基础上"另起炉灶",提出新的证明文件,甚至提出新的质疑问题。评议的过程实际上同时也是评议者自身不断学习的过程。随着针对该专利申请的评议信息的不断丰富,评议者本身的能力也在不断提高,其能力越高对整个项目的价值就越大,从而实现了"内生增长"的良性循环。

其二,P2P 项目的收益规则主要关注参与者"愿不愿"的问题,旨在形成满足参与者多元动机的激励结构。

要实现这一目的,关键不在于项目直接为每个参与者提供符合其需求的动机激励,而是形成稳定、多层次的参与者社区。这一方面是由于项目不可能了解并满足所有人的不同需求,另一方面也是参与者本身需要社区来承载其对于声誉、身份建构等非物质激励的心理期望。

纽约大学法学院的研究人员将大部分的工作重心放在了社区建设上。① 首先,研究人员通过各种途径,招募了一批志愿者作为线上评议的初始参与者,其中有很多高校学生。但作为一项专业性要求极高的专利评议工作,社区必须吸纳更加多元化的人员参与。纽约大学法学院先后与 IEEE、FSF 等专业组织建立合作关系,同时也获得了 GE、IBM、惠普、微软、红帽等公司的支持,后者甚至成为该项目的赞助人。通过这样的方式,网上社区在短时间内就进驻了大量专业人士,尤其以计算机行业为主。后期的结果显示,P2P 项目评议最多的专利申请就在计算机领域,与这种初期的人员构成不无关系。②

专业人员进驻后,研究人员还完成了大量的社区运营工作。一方面,组织者积极优化网站页面,将评议者的评议内容以可视化的形式展现出来;另一方面,显示来自 USPTO 专利审查官员的反馈信息,使所有人都能实时感受到自己工作所得到的反馈。

其三,约束规则解决"怕不怕"的问题。

在专利申请的审批过程中,USPTO 主要担心的是相关人员的投机

---

① Noveck, B. S., "Peer to Patent: Collective Intelligence, Open Review, and Patent Reform," *Harv. JL & Tech.* 2006 (20): 123.

② "Center for Patent Innovations at New York Law School," *Peer to Patent: First Pilot Final Results*, 2012.

行为对整个社区可能带来的影响。一方面，评议人可能因担心专利申请人事后的行为而不敢参与评议；另一方面，评议人也存在对专利申请信息进行策略性使用的可能，从而损害申请人的合法利益。

对于前者来说，如果专利申请未能审核通过，申请人可能迁怒于评议人，而评议人往往又与专利申请人属于同一行业，难免会出现利益交叉。因而评议人可能因担心申请人的报复行为不敢参与评议。为解决这一问题，该项目实行的是匿名评议。每一位评议者虽然都对应唯一账号，但社区内部相互之间主要以账号为准，而不以实名公开。但这同时带来的另一个问题便是，评议者可能策略性使用其所看到的专利申请，从而损害申请人的合法权益。

这一问题主要通过社区行为公约来解决。公约主要规定了两方面内容。第一，管理人员保留对于每一名参与者的追索权，即参与者一旦被发现投机性使用专利申请信息，管理人员可以对其提起诉讼；第二，每一项专利申请的评议人信息都将公布在网站上，被审核者可以借此监督评议人。

三　"Peer to Patent"的协调机制

P2P项目主要发展了决策规则和评议规则两方面机制创新来应对多元主体集体行动的协调问题。正是得益于这样的机制创新，项目最终实现了预期目标，有效提高了专利申请的效率和准确率。

其一，P2P项目的决策规则主要涉及"怎么管"的问题。

传统上依靠"命令-控制"体系的科层管理方式已经不再适应开放式结构下的治理需求。参与者的自愿性、评议过程的公开性都要求决策规则的重大改革。

就此方面而言，基于贡献的权威体系和集体治理模式成为P2P项目机制创新的两大主要内容。一方面，P2P项目的开放性并不意味着社区内部不存在权威体系，但其内部权威来自参与者对社区的贡献大小，而非来自上层任命或者是民主选举。不同的贡献程度，获得不同的积分水平，同时也被赋予不同的参与身份，从而具有不同的权威。此处所说的"权威",并非平常所理解的能够主导资源分配的资格或权力,而是更多代表了该评议者在整个社区中的能力和声誉。声誉能够直接影响评议过程的对话空间,从而间接影响最终的决策结果。积分更高的评议者所提出的评论意见,往往具有更强的说服力因而能够获得更多支持。

P2P 项目试图改变传统单纯依靠政府强权的治理结构难以应付知识分散性难题的窘境,转而通过吸取大众智慧以解决专利审批过程中的知识欠缺问题。但这并不代表其治理结构就是"一盘散沙"。仅仅将个体的劳动成果简单加总并不能带来多少优势和便利,反而会让问题变得更糟。在这样的情况下,P2P 项目更多地体现了介于中间状态的集体治理的特征。围绕每一份专利申请所形成的小集体便成为项目治理结构的基本单元,而每一个集体内部通过对话形成的治理规则与治理工具,则共同充实了基本单元的治理内容。

除此之外,集体治理的对话机制还提供了文化和社会关系的维系空间。对话不仅产出了具体的评议内容和投票结果,在此过程中同时还维系了评议者之间的信任与社会关系。互联网消解了地理因素的阻碍。这并不一定带来不同地区、不同人员的良好合作,但集体内部的对话过程,充当了相互交流的渠道和工具,使得评议者之间能够达成对某一问题的共识,并成为维系社区持久运营的重要基础。P2P 共吸引了来自 167 个国家与地区的志愿者参与其中,且长久维系了 2000 多名评议者的持续加入,这些都是对话机制的具体成效所在。

其二,评价规则。

任何一个治理体系都包括决策与执行两个方面,而使执行符合决策要求的基本保障便是问责制度。参与者的自愿性使得任何既定规则都失去了它的强制意义,而非正式、开放式的治理结构甚至使得既定规则都不一定存在。在这样的情况下,"同行评议"便作为新的问责制度进入了 P2P 项目的治理框架,而其具体体现则是评议机制和投票机制。

对于 P2P 项目而言,需要参与者能切中要害并说明该专利申请是否符合创新要求。评议机制可以保证众多评议者所提交内容的质量水平。问题是为何评议者之间不惜"撕破脸皮"提出反对意见?这牵涉到项目第四阶段的投票机制。整个评议小组内部只有 10 份评议意见能够被提交到专利审批官员处，而评议者所付出的工作努力是否得到肯定取决于评议意见是否能被提交以及是否被专利审批官员采纳。评议者为了使自己的评议意见能够"脱颖而出"，愿意积极参与前一阶段的评议过程。

"评议机制"和"投票机制"并不意味着无政府状态的发生，也即相互评议并不一定会导致心怀恶意的相互否定的情况发生。一方面，参与主体的专业性，其身份和知识结构的相似性使他们得以共享价值观念，并具有共识基础。另一方面，评议者的参与动机更多来自非物质激励，其本身目的并不完全在于所获得的积分或者声誉，更重要的是他在此过程中的学习收获与成长，而相互评议正是共同学习的关键步骤。投机式的相互攻击结果造成的其实是"双输"。正是基于上述原因，P2P项目的评议规则才能保证项目的顺利进行及其相应的绩效水平。

因为微观机制方面的创新，P2P项目最终解决了以"开放"促"治理"过程中的激励和协调困境。但当前的开放政府建设还处于早期阶段，治理经验还需要进一步积累和治理机制还需要进一步完善。

以文创产品开发助推公益性文化单位管理体制改革

祁述裕[*]

摘 要

文化文物单位依托馆藏资源开发文创产品，有助于促进传统文化资源的创造性转化，有助于增强文化文物单位的自我发展能力，有助于深化文化文物单位管理体制改革。

依托财政资金，提供基本公共文化服务，是公益性文化单位的基本职能，但不是公益性文化单位职能的全部。在保障提供基本公共文化服务的前提下，公益性文化单位同样可以根据市场需要，依托馆藏资源，为消费者提供优惠或市场化文化服务。

公益性文化单位与经营性文化企业的区别，并不在于是否参与市场竞争，提供市场化服务，而在于经营收入是用于反哺社会还是用于个人分配。从实践看，公益性文化单位通过参与市场经营活动实现公共目标，往往比行政手段更有效。

调动文化文物单位开发文创产品的积极性，需要推动管理体制创新，包括完善文化文物单位质量评价体系、建立收入分配激励机制、搭建服务平台、因地制宜地进行分类管理，以及加强社会监督。

---

[*] 祁述裕，国家行政学院文化政策与管理研究中心主任，首都师范大学文化研究院文化部公共文化研究基地学术委员会主任，特聘教授。

2016年5月公布的《关于推动文化文物单位文化创意产品开发的若干意见》的突出亮点是，通过鼓励文化文物单位依托馆藏资源开发文创产品，增强文化文物单位自我发展能力和文化产品提供能力。这是深化公益性文化单位管理体制改革的新举措。

一 文化文物单位开发文创产品有重要意义

其一，文化文物单位依托馆藏资源开发文创产品，有助于促进传统文化资源的创造性转化。

博物馆、图书馆、文化馆、美术馆等文化文物单位的藏品，是中华民族历史遗存和文化积淀的一部分。这些馆藏资源要更好地为当代生活服务，必须通过创造性转化，如此才能实现更大的社会价值和经济价值。

2015年国务院发布的《博物馆条例》体现了上述理念。《博物馆条例》指出："国家鼓励博物馆挖掘藏品内涵与文化创意、旅游等产业结合，开发旅游产品，通过合法经营收入巩固博物馆发展资金，增强博物馆发展能力。"也就是说，博物馆等文化文物单位在保证提供基本公共文化服务的前提下，还要主动适应现代消费需求，积极发掘其藏品内涵，开发文化创意产品，尽可能提供多样化的文化创意产品和服务。实践证明，文化文物单位发掘文化资源，开发文创产品前景十分广阔。台北"故宫博物院"、北京故宫博物院在这方面均有成功的探索。台北"故宫博物院"的"朕知道了"胶条，北京故宫博物院的宫门背包、朝珠耳机等都很受市场欢迎。北京故宫博物院文创产品销售额从2013年的6亿元增长到2015年的近10亿元。

其二，文化文物单位依托馆藏资源开发文创产品，有助于增强文化文物单位的自我发展能力。

我国2003年至2012年实施的文化体制改革，采取的是两分类的思路，即把国有文化单位划分为公益性文化事业和经营性文化产业。经营性文化企业须参与市场竞争，通过自身的经营效益生存。公益性文化事业单位则依靠财政拨款，主要通过免费的方式提供基本公共文化服务。

两分类改革思路的好处是明确了政府在提供基本公共文化服务方面的责任。但是，近年来也逐步暴露出很多问题，其中突出问题是公益性文化单位自我发展意识和能力不强，被动服务多，主动服务少。

文化文物单位应该转变发展理念，在提供基本公共文化服务的前提下，增强市场意识，提升自我发展能力。以欧盟为例，近些年来，欧盟经济不景气，政府财政收入减少，财政对非营利性文化机构的投入也在减少。非营利性文化机构通过经营性活动增强自身发展能力已成为普遍做法。比如，世界著名博物馆法国罗浮宫从2003年以来，获得的财政投入一直在减少。从2003年至2006年，国家财政投入由原来占该博物馆全部收入的72%下降到62%。如今，罗浮宫大约1/3的收入，来源于社会捐助和文创产品开发。

公益性文化单位承担着提供基本公共文化服务的职能，财政应该给予保障，这是毫无疑问的。但这并不妨碍文化文物单位通过市场的方式发掘藏品内涵，开发文创产品。这既可以满足多元化的文化需求，又可以拉动文化消费。

其三，文化文物单位依托馆藏资源开发文创产品，有助于深化文化文物单位管理体制改革。

文化文物单位自我发展能力和意识不强，根本上还是由于管理体制有缺陷。我国文化文物单位基本上属于全额拨款事业单位，其运行经费均由中央财政和当地财政予以保障，列入本级财政统一预算和集中支付。文创产品开发带来的经济效益均属国有资产增值，需全部上缴本级非税收入管理部门。这种管理体制的好处是保证了文化文物单位在编人员和运营经费，但弊端也不少。

一是过于行政化。按照规定，全额拨款文化文物单位每年都要提前上报全年预算，供财政部门审核。这有利于规范文化文物单位的运营活动，但不利于激发经营活力。有些适应公众需要的文化活动具有即时性的特点，无法提前预算，往往难以实施。同时，过于严格的财务审计程序，固然有利于防止文化文物单位滥用公共资源，但也带来效益低下、手续繁杂等问题。正因为如此，出现了原本可以划归为全额拨款的文化文物事业单位，宁愿选择作为差额拨款的事业单位。朝阳区文化馆就是一例。朝阳区文化馆是2012年在全国文化体制改革工作表彰大会上受到表彰的唯一市（区）级文化馆。该文化馆每年举办全国大学生戏剧节，开展艺术培训、艺术展览等许多文化活动，十分活跃。该文化馆选择作为差额拨款事业单位，就是希望保持文化馆的自主性。

二是权力和责任不对等，不利于调动积极性。全额拨款文化文物单位实行的是收支两条线，其经营所得必须全部上缴。同时还要承担经营活动的全部风险，包括经济风险、安全风险、政治风险等。权力和责任不对等，导致众多全额拨款公益性文化单位除了提供基本公共文化服务外，其他经营活动宁愿少做，甚至不作为。比如，多年来宁波市文化馆一直从事收费式的少儿艺术培训服务，该项服务很受市民欢迎，已经形成品牌。该文化馆被列为全额拨款事业单位以后，停办了该项目。这引起了当地群众的强烈不满，后来在上级领导的干预下才得以恢复。

二　正确认识公益性文化单位的职能

目前，人们普遍认为，公益性文化单位的职能是依托财政资金，提供基本公共文化服务，除此之外别无其他。经营性的文化企业则是以市场的手段提供多样化、差异化的文化产品或服务。这是认识上的误区。固然，依托财政资金提供基本公共文化服务，是公益性文化单位的基本职能，但这不是公益性文化单位职能的全部。在保障提供基本公共文化服务的前提下，公益性文化单位同样可以根据市场需要，依托馆藏资源，为消费者提供优惠或市场化的文化服务。从实践看，公益性文化单位通过参与市场经营活动实现公共目标，往往比行政手段更有效。因为，这要求公益性文化单位准确把握消费者需求，提供适销对路的产品和更有效的服务。

近些年来，发达国家社会企业的兴起，就是非营利性机构普遍积极引入企业管理、参与市场竞争的结果。社会企业与非营利性机构都以实现公共利益为价值追求；不同之处是，社会企业更加自觉地把参与市场竞争引入经营理念当中。美国的高校出版社、许多社会组织、纽约百老汇的实验剧场等，都把自己定位为社会企业。它们既强调公益目的，又遵循市场经济规律从事经营活动，从而更好地实现公益目标。

我国公益性文化单位不仅要提供普惠式的免费服务，还应该积极借鉴社会企业的运营方式，善于利用市场机制，为特定人群提供定制化、分层次的优惠服务，在增强自身活力的同时，最大限度地为当代社会服务。

三 文创产品开发的模式创新与管理体制创新

我国文化文物单位开发文创产品，关键要坚持以社会化的方式，将自身的资源优势与企业、社会组织等社会力量对接。参考国际经验，我国文化文物单位可通过三种途径与社会力量合作开展文创产品的开发。一是授权。主要是通过图像和著作授权、品牌授权、合作开发三种授权方式，委托其他机构、企业开发文创产品。二是与专业社会组织开展合作，进行文创产品的开发运营。三是加强与各类基金、资金的合作。包括支持国家艺术基金、各类文化产业发展基金以及各级文化产业发展专项资金等把公益性文化单位挖掘其藏品内涵、开发文化创意产品项目列入重点投入范围。

调动文化文物单位开发文创产品的积极性，需要推动管理体制创新，可以从以下方面着手。

第一，完善文化文物单位质量评价体系。重点是在文化文物单位定级和质量评估中，增加对文创产品设计与推广的引导。应将文创产品开发经营绩效纳入评估定级和绩效考核内容之中。

第二，建立收入分配激励机制。在保证财政稳定投入的基础上，博物馆、图书馆、美术馆、文化馆等文化文物单位将文创产品开发销售所得的部分收入作为单位自有资金，用于开展本单位公益性文化服务、设施运营维护以及藏品、展品购买等费用支出和相关人员的绩效奖励，调动文化文物单位开发文创产品的积极性。

第三，搭建服务平台。各级政府部门应通过搭建服务平台，为文化文物单位开发文创产品提供支持。一是搭建财政金融服务平台，将文化文物单位文创产品开发项目纳入中央和地方文化产业专项基金（资金）、国家艺术基金、各级文化文物专项资金支持范围。同时，在税收优惠、投融资服务和引导社会资本投入方面，加紧制定相关扶持政策。二是搭建会展服务平台，尤其在创新创意项目选拔、文化创意项目和产品展示交易、版权交易等方面，要重点发挥品牌展会的作用。三是搭建人才培训平台，尤其是高端创意研发、经营管理和营销推广人才的培养，应纳入文化产业创业创意人才扶持计划支持范围。

第四，需要因地制宜，分类管理。目前我国文化文物单位在开发文创产品方面存在地域和产品类型不平衡的状况。首先，从地域分布看，我国文化文物单位在文创产品开发经营方面呈现出东部与中西部发展不平衡的状况。其次，从经营开发类型看，文化文物单位开发文创产品的门类不平衡。大多数文化文物单位将文化创意衍生品简单地理解为纪念品开发，导致纪念品开发销售一支独大；而生活实用类产品，出版、数字化产品等门类相对薄弱；会展、活动、艺术品交易等门类还处于摸索阶段。最后，从文化文物单位自身条件来看，具备文创产品开发条件的主要是国家级、省级和部分省会城市、计划单列市的博物馆、图书馆、美术馆、文化馆。市县以下和经济欠发达地区文化文物单位大都条件不足。此外，博物馆、图书馆、美术馆、文化馆等机构类别不同，条件也不同，其文创产品开发也不可一概而论。

应尊重不同类别文化文物单位的特点，以及不同层级文化单位的实际情况，由它们自行决定文创产品开发事宜。

第五，加强社会监督。文化文物单位的藏品是公共资源、文创产品开发收入是公共收入，强调建立收入分配激励机制，目的是调动文化文物单位开发文创产品的积极性，而不是说文化文物单位可以随意支配开发文创产品的收入。在这方面，可借鉴发达国家对非营利性组织收入分配管理的做法。文化文物单位文创产品经营状况和收入分配，不仅要向上级部门汇报，还应该接受舆论及社会监督。

创新文博创意产品开发机制
应让文物"活起来"

彭跃辉[*]

摘　要

做好文博创意产品开发这篇大文章，既大有作为也任重道远，主要挑战在于，文博单位积极性不够，文博创意产品创新不够，社会参与不够，人才储备不够，学术研究不够。我国文博创意产品开发仍处于起步阶段，稳中有进、稳中向好的态势没有改变。

推动文博创意产品开发跃上新的台阶，需要更加注重统筹协调"五个关系"，即保护和利用的关系、事业和产业的关系、政府和社会的关系、数量和质量的关系、虚和实的关系。

文博创意产品开发是一个系统工程，需要更加注重增强"五种意识"，即知识产权意识、跨界意识、平台意识、品牌意识和体验意识。

2016年5月11日，国务院办公厅转发文化部、国家发展改革委、财政部、国家文物局《关于推动文化文物单位文化创意产品开发的若干意见》（以下简称《若干意见》），这是国务院对文化文物单位文化创意产品开发事宜进行专题勾画的首个规范性文件，可谓恰逢其时，意义重大。

---

[*] 彭跃辉，国家文物局工作人员。

更为重要的是，这份文件释放了一个强烈的信号，为文博单位松绑，给社会参与吃"定心丸"，让市场机制发力。全面准确把握文件精神，统筹推进文博创意产品开发，要与深入贯彻习近平总书记系列重要讲话特别是关于弘扬中华优秀传统文化和加强文物工作的重要论述指示相结合，"让收藏在博物馆里的文物、陈列在广阔大地上的遗产、书写在古籍里的文字都活起来"[①]；要与全面落实《国务院关于进一步加强文物工作的指导意见》相结合，有序推动文物合理适度利用，进一步延伸文博衍生产品链条，进一步拓展产业发展空间，努力走出一条符合国情的文物保护利用之路；要与充分认识、主动适应、积极引领经济发展新常态这个大逻辑相结合，发挥文物资源禀赋优势，集聚发展新动能，为稳增长、促消费、惠民生贡献力量。

一 文创产品开发既大有作为又任重道远

文物是资源，是财富，是"金色名片"。文物所蕴含的审美因素、实用价值、文化基因，是留存城乡神韵、彰显多元魅力的文化标识，是壮大文化产业、推动经济发展的绿色资源。我国发展正面临动力转换、方式转变、结构调整的繁重任务。文博创意产品有潜力挖掘、有政策引导、有需求支撑、有发展积累，做好文博创意产品开发这篇大文章，大有作为。

文博创意产品开发任重道远，主要体现在以下几方面。

其一，文博单位积极性不够。由于受到思维定式等因素（尤其是激励机制）的掣肘，文博单位普遍存在重保护轻利用、重藏品展览轻文创产品开发的路径依赖现象。

其二，文博创意产品创新不够。既缺乏创意又缺乏设计，"大路货"多、"新面孔"少，"千品一面"多、独具匠心少，特色的、优质的、品牌的产品更是凤毛麟角，"卖难""买难"现象并存。

其三，社会参与不够。文博单位与创意设计企业之间缺乏便捷、有

[①]《习近平出席第三届核安全峰会并访问欧洲四国和联合国教科文组织总部、欧盟总部时的演讲》，人民出版社，2014，第17页。

效的对接机制。文博创意产品研发生产与消费推广之间缺乏制度化、市场化的共享平台，导致信息不对称、资源不共享、产用不对接、供需不见面，"玻璃门"管制多、制度性交易成本高，亟须打破壁垒、升级创意、对接市场和满足需求。

其四，人才储备不够。文博单位设计类、经营类、管理类人才稀缺。文博创意产品开发者要以通古今、晓工艺、会创意、懂设计为前提，而通古今、晓工艺的多在文博单位，会创意、懂设计的多在创意企业，两者之间缺乏零距离的对话管道与经常性的合作平台。

其五，学术研究不够。政策解读、措施配套、效果评估亟待落细落小落地，文博创意产品的开发途径、合作模式、推广平台的理论深度和实践广度亟待拓展，专家队伍和社会智库亟待整合。

总体看来，我国文博创意产品开发仍处于起步阶段，稳中有进、稳中向好的态势没有改变。

二 推动文创产品开发需注重统筹协调"五个关系"

推动文博创意产品开发跃上新的台阶，需要更加注重统筹协调"五个关系"。

一是保护和利用的关系。强调坚持立足于保、保用结合的基本原则，在保护中发展，在发展中保护；强调社会力量参与文物利用是有前提、有原则、有底线的，必须做到依法合规、合理适度、程序公开；强调代际传承，文物资源不仅属于我们，也属于子孙后代。

二是事业和产业的关系。坚持一手抓公益性文化事业，一手抓经营性文化产业，统筹基本文化需求与多样化文化需求的满足，统筹公共性与市场性的要求，努力做到"两驾马车"齐头并进；坚持把社会效益摆在首位，在确保文物安全、夯实基本公共服务的基础上，大力开发文博创意产品，同时不能"干了副业、荒了主业"。

三是政府和社会的关系。政府要搭建平台、创造环境、提供政策支持、保护知识产权，政府的最大任务是制定并执行"游戏规则"，管住法治化、市场化两座堤坝，探索审慎监管模式，特别是对文博单位的经营活动少干预、多包容、允许试错；充分发挥各类市场主体特别是文化创意设计企业的积极作用，为社会力量参与架桥引路、提供便利。

四是数量和质量的关系。坚持数量增长与质量提升并重，注重供给与需求、生产与消费、内容与形式相结合，深化文博创意产品供给侧结构性改革，开发有质量有市场有效益的文博创意产品，打造多样化产品，提供个性化服务，促进文化消费，培育新型业态。

五是虚和实的关系。进行文博创意产品开发的核心旨向，是传承弘扬中华优秀传统文化，这是"虚"。强调虚功实做，努力实现中华文明的创造性转化和创新性发展，让中华优秀传统文化精髓融入当代社会、融入百姓生活；进行文博创意产品开发的实践依托是人民群众日益增长的多样化文化需求，这是"实"。强调实功虚做，加强顶层设计，突出创意策划，彰显思想的力量。

三 推动文创产品开发需注重增强"五种意识"

文博创意产品开发是一个系统工程，需要更加注重增强"五种意识"。

一是增强知识产权意识。应体现资源版权，探索建立授权制和特许经营制，不求所有，但求所用；尊重原创产品，保护知识产权，形成拥有自主知识产权的文博创意产品系列和市场主体；让文博单位拥有更大的文创产品开发自主权、更大的资源调动权、更大的经费支配权，将文创产品开发纳入文博单位绩效考核范围，健全创新、创意、设计和营销激励机制和分配政策，提高创意人员和营销人员文创成果转化收益分享比例。

二是增强跨界意识。打破单位、企业、行业和地区壁垒，充分调动社会各方面的积极性，无缝衔接、优势互补、各尽所长、各显所能，促进内容创新、技术创新、模式创新、管理创新和业态创新，促进文物利用与新型城镇化、新农村建设的深度融合，促进文创产品开发与相关产业的深度融合，促进文创产品开发与现代科技、传统工艺、时代元素的深度融合，催生新技术、新工艺、新产品，满足新需求、注入新动能，发挥协同效应、孵化效应和倍加效应。

三是增强平台意识。建立以市场为导向、以企业为主体的文创产品开发协同创新平台，善于调动各方面创新要素，善于发挥各类人才积极性，系统打造资源、创意设计、供给、市场、消费的全产业链模式；强化创新链与资源链、创新链和产业链、创新链和服务链、创新链和资金链对接；逐步推进文博创意产品开发体系化、专业化、集约化、品牌化发展；扶持博物馆尤其是中小博物馆文创产品发展。实施中小企业成长工程，培育市场主体，支持文博创意设计企业向专、精、特、新方向发展，打造中小企业集群；实施跨地区、跨行业、跨所有制业务合作，打造跨界融合的产业集团和产业联盟；依托互联网打造开放共享的创新机制和共享平台，促进线上线下融合，促进资源、创意、市场共享。

四是增强品牌意识。坚持创新精神、工匠精神和企业家精神相结合，减少文博创意产品无效和低端供给，扩大有效和中高端供给，向专业化和价值链高端延伸，在拓展产业发展空间、提升文化消费品质方面实现新突破；改造升级"老字号"，深度开发"原字号"，培育壮大"新字号"，培育一批文博创意设计、产品品牌示范单位、领军企业。

五是增强体验意识。文博创意产品与一般工业产品的最大区别在于文化体验，让更多消费者把传统文化带回家，将文物背后的人文情怀、艺术造诣、时代价值"润物无声"地播种在消费者心中；设计生产更多体现中华元素、传承文化基因、富有亲和力的优质文博创意产品，借助创意设计让文物资源中蕴含的文化因子"活"起来，让中华优秀传统文化可知、可感、可亲。

综而述之，文博创意产品开发正处于百舸争流的"窗口期"，为进一步发挥文物资源在发展文化产业、构建中华优秀传统文化传承体系中的独特作用，要加强制度建设，推动《若干意见》中粗线条、原则性、具有突破性质的重要政策举措具体化，尽快出台"博物馆经营活动管理办法"；搭建文物资源共享平台和大数据库，加大资源、数据开放力度，要在同规则、同待遇、降门槛上下功夫，允许各类市场主体平等进入和活化利用；推进文博单位的经营性企业试点，发挥国家级博物馆和省级综合博物馆的重要作用，实施一批具有引领作用和拉动作用的文创产品开发示范项目,探索可复制、可推广的实践经验;启动"互联网+中华文明"行动计划,利用市场机制和政府支持的方式,开发更多弘扬优秀传统文化的产品和服务,满足人民群众特别是青少年的多样化需求,促进文化消费;加快《文物保护法》修订进程,将文物利用的基本原则纳入法律规制范畴,做到有法可依、有章可循。

推动文创产品开发亟须破除"身份禁锢"

阮 可[*]

摘 要

推动文化创意产品开发，首先要解决国有文化文物单位"身份禁锢"，让其名正言顺、理直气壮地经营文化创意产品。

国有文化文物单位在保证提供基本公共文化服务的前提下，同样可以提供包括文化创意产品在内的非基本文化服务和增值服务。首先不能把公益服务简单地理解为"不收费、免费服务"，不能将"不以营利为目的"等同于"不能营利"。需要认清，基本公共文化产品是"政府买单"的，而文化文物单位中的文化创意产品属于非基本公共文化产品，需要消费者根据自身实力，各取所需，自掏腰包。

目前，全国人大正在征求《公共文化服务保障法（草案）》的意见。在保障基本公共文化服务的前提下，其中有些条款要为文化事业和文化产业的互联互通、文化消费预留空间。例如，草案第六十条的规定过于刚性，可能会对国有文化文物单位开发和经营文化创意产品有所限制，在立法过程中，应明确开发和经营文化创意产品不属于以上情形。

---

[*] 阮可，国家公共文化服务体系建设专家委员会委员，浙江大学城市学院现代公共文化研究基地主任。

近期召开的国务院常务会议确定推动文化文物单位文化创意产品开发的措施，明确提出"选择一批不同类型的国有博物馆、美术馆、图书馆开展试点示范，允许在确保公益目标、保护好国家文物、做强主业的前提下，依托馆藏资源，采取合作、授权、独立开发等方式开发文化创意产品"，"要推动优秀文化资源与创意设计、旅游等跨界融合，与新型城镇化紧密结合，更多融入公共空间，丰富城乡文化内涵"等四项举措。

推动文化创意产品开发有重要意义。从宏观上看，能弘扬优秀文化，传承中华文明，推进经济社会协调发展；从微观上看，能转变事业单位的服务职能，推进文化事业单位法人治理结构改革，促进文化事业和文化产业的互联互通，带动文化消费。

笔者认为，推动文化创意产品开发，首先要解除国有文化文物单位的"身份禁锢"，让其名正言顺、理直气壮地经营文化创意产品。

一 "不以营利为目的"不等于"不能营利"

2011年出台的《中共中央、国务院关于分类推进事业单位改革的指导意见》指出，根据职责任务、服务对象和资源配置方式等情况，将从事公益服务的事业单位细分为两类：承担义务教育、基础性科研、公共文化、公共卫生及基层的基本医疗服务等基本公益服务，不能或不宜由市场配置资源的，划入公益一类；承担高等教育、非营利医疗等公益服务，可部分由市场配置资源的，划入公益二类。我国国有文化文物单位为"公益一类"事业单位，"公益一类"事业单位的公益服务是否不能营利？

要回答以上问题，首先要廓清文化产品的属性。文化产品包括三种类型：一是纯公共文化产品，二是准公共文化产品，三是非公共文化产品。纯公共文化产品是基本公共文化服务，为人民群众提供纯公共文化产品是政府的责任，应该由政府来承担。从服务范围来看，基本公共文化服务所满足的不是公民所有的文化需求，而是能保障和满足公民生存和发展需要的基本文化需求，包括阅读、学习、参加基本公共活动等。2015年中共中央办公厅、国务院办公厅发布的《国家基本公共文化服务指导标准（2015-2020）》中的22条标准，就是由政府兜底保障的纯公共产品。此外，各省发布的基本公共文化服务实施标准规定的服务项目，也是纯公共产品，其目标是确保所有社会成员都能够平等享有水平大致相当的基本公共文化服务的权利。准公共文化产品是由政府和消费者共同承担的一种公共文化产品，比如高等教育、非营利医疗等公益服务，部分基本服务由政府提供，非基本服务项目可以收费。非公共文化产品由市场提供，比如明星演唱会、非公益影片等。从性质来看，文化创意产品属于非公共文化产品。

国有文化文物单位在保证提供基本公共文化服务的前提下，同样可以提供包括文化创意产品在内的非基本文化服务和增值服务。这里，首先不能把公益服务简单地理解为"不收费、免费服务"，不能将"不以营利为目的"等同于"不能营利"。比如，现在公共图书馆引入咖啡室，提供读者餐厅、文献查重服务，既能让普通百姓享受到基本的公共阅读服务，又能适应其个性化的消费需求，符合现代人的生活方式。因此，要认清基本公共文化产品是"政府买单"的，而文化文物单位中的文化创意产品属于非基本公共文化产品，要消费者根据自身实力，各取所需，自掏腰包。

二 《公共文化服务保障法》应为文创产品开发预留空间

改变文化文物单位的"身份禁锢"，可借助公共文化服务的立法契机。当前，全国人大正在征求《公共文化服务保障法（草案）》的意见，笔者认为，在保障基本公共文化服务的前提下，其中有些条款要为文化事业和文化产业的互联互通、文化消费预留空间。

例如，草案第六十条规定：违反本法规定，公共文化设施管理单位有下列行为之一的，由其主管部门责令限期改正，没收违法所得，违法所得五千元以上的，并处违法所得两倍以上五倍以下罚款；没有违法所得或者违法所得五千元以下的，可以处一万元以下的罚款；对直接负责的主管人员和其他直接责任人员，依法给予处分。①开展与公共文化设施功能、用途不符的服务活动的；②对应当免费开放的公共文化设施收费或者变相收费的。

这一条款的规定过于刚性，其作用可能是把"双刃剑"：一方面强调了公共文化设施管理单位的公益属性；但另一方面可能会对国有文化文物单位开发和经营文化创意产品有所限制。在立法过程中，要作扩大解释，应明确开发和经营文化创意产品不属于以上情形。

非遗保护应抓住弘扬优秀传统文化的重心

周小璞[*]

摘 要

立法有其宗旨问题，也就是必要性问题。非遗是中华民族优秀传统文化传承体系中不可或缺的重要部分，首先要考虑的是，我们要传承中华民族优秀传统文化，这是根本目的。北京市的非遗条例，需要考虑北京市的具体情况，北京市不仅有着悠久的历史，而且地位特殊，它既是首都，又是一个国际性的都市。

非遗绝不仅仅是经济价值，我们应该深入挖掘它的其他价值。利用同样也是多方面的，我们利用非遗资源，对文化的创新，对艺术的创造，提供公共文化服务，保障人民的基本文化权利，对外文化交流等，所有这些方面都是利用，并不仅仅是经济价值的利用。非遗跟文化产业有关联，非遗资源是文化产业可利用的一种非常独特的文化资源，要处理好两者的关系。

所谓的特色文化产业，它利用的资源基本上是非遗资源。但是特色文化产业并不等于非遗，这两者应该是两条腿走路，平行线共赢，而不是交叉。传统工艺跟文化产业是不完全一样的，传统工艺还是要讲究传统工艺的流程，核心技艺基本上是手工艺，在立法时这两者都应该把握好，写清楚。

---

[*] 周小璞，国家非物质文化遗产保护工作专家委员会副主任委员，中国非物质文化遗产保护协会副会长。

文化立法本身比较复杂，非遗立法经历了十几年。虽然从顺序上说，现在北京市的非遗立法排在全国二十几名，但是后发也有优势，可以好好研究、吸收之前立法的经验和教训。

一 可起草制定"《非物质文化遗产法》实施条例"

《非物质文化遗产法》的立法过程中有很多问题，有很多妥协，走了很多曲折的路。最后形成的法规，从专家的角度来说并不理想，但是没有办法，用全国人大教科文卫委员会文化室主任朱兵的话来说，文化立法就是不断协调，在各方利益上都切一刀，最后取得共识，形成这样一个法的过程。

地方立法的第一个依据是《保护非物质文化遗产公约》（以下简称《公约》）及其履约指南——《实施〈保护非物质文化遗产公约〉操作指南》。我国作为《公约》缔约国，是第六个加入这个公约的国家，同时我国又入选了政府间委员会，一直积极参与履约指南等所有规则的制定，所以应该研究《公约》及怎么履行《公约》的细则。

地方立法的第二个依据是《非物质文化遗产法》（以下简称《非遗法》）。以往非遗立法过程中做了很多国内国外的调研，我们可以借鉴其调研成果，全国人大就有这些调研资料汇编，包括国外立法资料的有关研究，还有国内的多次国际国内研讨会的资料。已出台的各省份的非遗条例也可以借鉴，其中，一些省份的条例有两个版本，例如《江苏省非物质文化遗产保护条例》（2013年1月）是修订版，更早的版本是2006年出台的，《非遗法》出台以后，江苏立刻做出了修订，还叫《非物质文化遗产保护条例》，但是内容已经有所改变，参考了全国人大常委会一审、二审、三审时候的审查意见，以及最后吸收的意见。这些资料，都可以作为很好的借鉴。

如果《非遗法》目前顾不上修改，可以搞一个实施条例，实施条例应该是国务院法制办这个层面制定的。文化部可以在各地立法的基础上起草制定"《非物质文化遗产法》实施条例"，由国务院颁布。这样可以吸收近年来各地的一些新成果。

关于名称的问题，现在已经出台的20多个省份的非遗条例，有的有"保护"两个字，有的没有。云南就坚持一定要有"保护"二字，北京市现在也加上"保护"，称"北京市非物质文化遗产保护条例"，我认为是好的，应该有"保护"二字。借鉴之前立法的经验，可以把已有的成果充分吸收进来。

二 非遗保护的根本目的是传承优秀传统文化

立法有其宗旨问题，也就是必要性问题。《公约》也好，《非遗法》也好，立法的宗旨是什么，为什么要立法？《非遗法》第一条说的就是立法的宗旨，就是"继承弘扬中华民族的优秀传统文化，促进社会主义精神文明建设，加强非遗的保护保存工作"，已经说得非常清楚了。

党的十八大提出的一个很重要的任务，就是中华民族优秀传统文化传承体系的建设，其实非遗就是这个优秀传统文化传承体系中不可或缺的重要部分。所以首先要考虑的就是，我们要继承和传承中华民族优秀传统文化，这应该是一个根本目的。

其他像文化安全、文化产业发展基础，对文化事业发展也是一个基础，但对非遗保护不那么重要。非遗是源泉根脉的部分，只提文化产业就偏了。所以，是不是应该抓住建设中华民族优秀传统文化传承体系这个根本点，是一个问题。

再者，就是对国外立法的研究借鉴，要考虑国外的情况，也要考虑我们国家的国情。比如，日本、韩国等国家的非遗保护法律中有临时指定程序，但这些国家的保护体系与我国的整个非遗保护体系不太一样，他们是一个指定体系，我国是一个申报评审体系。其实在我们的《非遗法》中，已经有这个临时指定，在"调查"一章的最后一条，就是在调查当中发现濒危的非遗项目立即采取抢救措施。由于《非遗法》已经有相应的规定，省级立法没有必要再制定一个临时指定，临时指定跟我国的体系不太一致。

所以研究借鉴国外的法律要考虑我国的国情,这十几年来我国非遗保护的这一套体系,以及保护制度的建立,跟国外是不一样的。北京市的非遗条例,需要考虑北京市的具体情况。在非遗保护方面有哪些特别需要关注和解决的问题,需要进行进一步研究。

三 需鼓励更多年轻人传承非物质文化遗产

全国的非遗保护工作前些年可以说一直处于起步阶段,是在搭框架、打基础,搞了第一次普查,建立了三项制度,确立了方针原则,探索了几种保护方式,这是整个国家非遗保护工作中的框架体系的建设工作。今后比较突出的问题,就是怎么真正实现科学保护、依法保护。北京市的非遗条例在这方面是不是可以有所创新?

2011年出台《非遗法》,当时对这个问题的讨论并不多,可能处于打基础的阶段。现在,依法保护和科学保护的问题是比较突出的。所谓依法保护,就是我们要依据《公约》和《非遗法》办事;所谓科学保护,就是遵循非遗自身的传承发展规律,而不是人为强加。

"注重真实性、整体性、传承性",这是《非遗法》确立的原则之一。整体性实际上对我们的保护工作提出了一个更高的要求。不仅要保护某个非遗项目本身的各种文化元素,还要注重项目与环境和文化生态的整体性保护。如果环境问题不解决,孤立的保护是不能长久的。就像我们的戏曲,如果没有观众这个文化生态,怎么保护恐怕都不行。在深入保护和保护方式、保护措施这些方面,北京市可以多做一些探索性的工作。

在传承方式上,《非遗法》确立了传承人的认定条件、传承人的义务,还有支持措施,此外我们还应考虑传承人的权利,好多省份的条例里都有这一项。还有一个非常重要的方面,北京市可以考虑一下,传承是两个环节,一个是"传",另一个是"承",对传承人的支持,现在做得比较多了,包括国家级传承人,将补助资金提高到了2万元,有各种支持措施。但"承"这个环节,怎么能让更多的年轻人愿意来学这些优秀的传统的非物质文化遗产?"承"的环境有没有什么激励措施？这方面的问题北京市的条例中能不能解决一些？

四 非遗绝不仅仅有经济价值

处理好保护和利用的关系，也是条例应该重点关注的一个方面。《非遗法》第37条提出一个大的利用原则，有前提、有条件。利用这方面，我们现在可能特别关注的，就是文化产业的开发和利用。实际上非遗绝不仅仅有经济价值，我们应该深入挖掘它的其他价值。利用同样也是多方面的，我们利用非遗资源，对文化的创新，对艺术的创造，提供公共文化服务，保障人民的基本文化权利，对外文化交流等，所有这些都是利用，且不仅仅是经济价值的利用。非遗跟文化产业有关联，非遗资源是文化产业可利用的一种非常独特的文化资源，要处理好两者的关系。

文化产业司发过一个文件，就是发展特色文化产业。所谓的特色文化产业，利用的基本上都是非遗资源。国家提出"振兴传统工艺"，"振兴传统工艺"应该写在条例里。怎样振兴传统工艺，文化部正在组织专家研究。其实传统工艺跟文化产业是不完全一样的，传统工艺还是要讲究传统工艺流程，核心技艺基本上是手工艺，所以这两者我们都应该把握好，写清楚。在利用这方面，《非遗法》基本上没涉及，只有37条定了一个大的原则，但没有具体的条款。在各省份条例里，有的省份提出来了，有的省份提得不是很清楚。如果北京市在这方面能够有所突破，是非常好的。

另外，应该明确非遗保护与物质文化遗产保护、自然遗产保护、传统村落的保护，历史文化名城、名镇、名村的保护之间的关系。这些应该起到合力的作用，而不是各行其是，应该在条例中有所体现。

关于利用，民间文学类非遗的利用也需好好研究，在《公约》里提到的是口头传承。但是民间文学濒危，因为完全靠口头，现在只有将其录音，然后出书，记录下来，但是如何进行活态传承，是比较突出的一个问题。举个例子，我们对幼儿园学生、小学生讲的童话传说，往往是国外的,如安徒生童话等。其实我们中国也有很多神话故事,我们要将其很好地利用起来,让我们的孩子从小就知道中国的这些神话故事,我们自己的这些传统。所以关于非遗利用这个问题,我们应该视野更宽一点,站得更高一点。

归根结底就是继承弘扬中华民族的优秀传统文化。

非物质文化遗产生生不息的
动力在于创新

李荣启[*]

摘　要

在漫长的历史长河中，传承至今的非物质文化遗产都经历了与时俱进的历史演化，在演化中不断注入时代的新元素、新内容乃至民众喜闻乐见的新形式。创新是非物质文化遗产生生不息的动力。

对待非物质文化遗产应该厘清两个层面的创新。一是对非物质文化遗产代表性项目本身的创新，应提出适度创新的原则。二是利用非物质文化遗产项目的传统文化元素，开发创造出当代民众乐于接受的文化艺术衍生产品，服务民众、造福当代。

非物质文化遗产创新发展主要有三种方式。一是在原生态的基础上进行延伸性创新与发展，即在保持项目本质特性（核心技艺、核心价值）、文化基因的同时，融入新的文化元素，融入现代人的审美诉求。二是深入挖掘、提炼出非物质文化遗产项目中的文化艺术元素、图案纹样符号等，运用新的设计思路与理念，进行创新设计，创造出当代民众乐于接受的文化艺术产品。三是合理利用非物质文化遗产资源进行新的艺术创作，开发文化创意产品。

同时，要防止打着非物质文化遗产创新的招牌，歪曲非物质文化遗

---

[*] 李荣启，中国艺术研究院研究员。

产项目的本质特性，搞些不伦不类的东西，甚至进行破坏性的开发或过度的商业利用的行为。

非物质文化遗产是植根于民族民间的活态文化，是发展着的传统生产方式和生活方式。在漫长的历史长河中，传承至今的非物质文化遗产都经历了与时俱进的历史演化，在演化中不断注入时代的新元素、新内容乃至民众喜闻乐见的新形式。因而，创新是非物质文化遗产生生不息的动力。

联合国教科文组织在《保护非物质文化遗产公约》中明确提出："各个群体和团体随着其所处环境、与自然界的相互关系和历史条件的变化不断使这种代代相传的非物质文化遗产得到创新，同时使他们自己具有一种认同感和历史感，从而促进了文化的多样性和人类的创造力。"《保护非物质文化遗产公约》不仅提出了非物质文化遗产创新的理念，而且揭示了"保护"的本质要义，即增强其自身的生命力，使之可持续地传承发展。

中国共产党第十八届五中全会提出了"创新、协调、绿色、开放、共享"的五大发展理念。在这五大发展理念中"创新"居于首要位置，是引领发展的第一动力。在我国未来的发展中，创新可谓一个全方位的系统工程。那么，非物质文化遗产能否创新？怎样创新？这是非物质文化遗产保护工作面临的重要问题，值得在保护实践中深入探索。

一 非物质文化遗产的适度创新原则与衍生产品开发

随着社会的不断发展进步，必然会产生"旧"与"新"的差异与矛盾。非物质文化遗产保护与传承中的继承与创新，不是"破旧立新""除旧更新""弃旧图新"，而是"承故融新"，其旧与新不是二元对立的，而是相互依存、相互交融的。也就是说，二者之间虽有扬弃和变异，但不是后者否定前者，而是一脉相承、相生相融。任何创新都是在传统根基上的创新，即新是旧中之新，是在原有基础上顺应时代的发展，是融进新的文化元素。继承传统和创新发展是辩证统一体，继承是在创新发展中继承,创新是在继承基础上的创造。此外,创新不仅是对新的文化元素的吸收和融入,而且也是对非物质文化遗产项目的深入挖掘、合理利用。最杰出的创新,应该是在更高层次上对非物质文化遗产承载的传统文化精华的回归。

对于非物质文化遗产的创新应有清晰而明确的理念。笔者认为,对待非物质文化遗产应该厘清两个层面上的创新。

一是对非物质文化遗产代表性项目本身的创新,应提出适度创新的原则,即要坚持本真性的保护原则,在不改变项目的核心技艺、核心价值的基础上,可融入新的文化元素、利用新的载体,或科学合理地与现代技术相结合。

二是利用非物质文化遗产项目的传统文化元素,开发创造出民众乐于接受的文化艺术衍生产品,服务民众、造福当代。这样的开发创新应该得到提倡和支持。这些文化创意产品能使中华各民族的优秀传统文化更好地融入当代民众生活,也能为从事非物质文化遗产项目生产性保护的企业增加经济效益,使其更好地生存发展。

二 非物质文化遗产创新发展的三种方式

基于非物质文化遗产保护实践及相关范例,笔者认为非物质文化遗产创新发展主要有以下三种方式。

第一,在原生态的基础上进行延伸性创新与发展,即在保持项目本质特性(核心技艺、核心价值)、文化基因的同时,融入新的文化元素,融入现代人的审美诉求。

作为非物质文化遗产的一大类型——传统戏剧,凡发展至今的剧种,都能在保护传承中顺应时代而变化,不断创新发展,扎根民间,生生不息。从中国戏剧发展的历史看,徽班进京后,发挥自己之长,并吸收了昆曲、汉剧的一些特点,发展成了京剧,形成独特的风格,之后逐渐成熟,到20世纪达到鼎盛,成为中国的国粹,受到各阶层观众的喜欢。新中国成立后,遵循毛泽东提出的"推陈出新"方针,艺术家们创造出了一批又一批京剧现代戏。20世纪80年代以来,京剧现代戏进入了一个新的历史发展时期，相继出现了《蝶恋花》《东邻女》《药王庙传奇》《刑场上的婚礼》《骆驼祥子》《映山红》等有影响力的作品。这些作品突破已有的模式，进行了新的尝试。传统戏剧要在当代得以传承发展，必然要把握时代脉搏，反映新时代的新生活，倘若总是"老戏老演""老演老戏"，观众就不爱看，戏剧便会失去生存土壤，乃至走向衰亡。与时俱进地进行符合自身艺术特性和发展规律的创新，乃是传统戏剧发展的必由之路。

在传统戏剧的百花园中，多姿多彩的地方戏更需要在创新发展中摆脱生存危机，绽放出勃勃的生机。目前一些剧种已经在传承革新中走上了振兴之路，其创新作品不仅在艺术上取得了突破和成功，而且吸引了新的观众群。如广东粤剧团2002年出品的一出新编大型粤剧《花月影》，可谓在传统基础上成功创新之作。该剧首演以来，演出邀约不断，吸引了国内大量观众。《花月影》在继承传统的基础上进行了合乎都市人审美情趣的革新。该剧在主题开掘、演员表演、舞台呈现等方面都做了大量有益的探索，并对传统粤剧的表演程式和粤剧音乐进行了改革。减少了让现代都市观众觉得吵闹刺耳的锣鼓，深入地挖掘了粤剧传统音乐尤其是南音的美，在传统粤剧曲牌唱腔里融入了交响乐、流行曲的因素；在传统的粤剧表演里加入了现代舞、剑术，并且巧妙利用话剧、影视和兄弟剧种的一些可以利用的因素；利用现代高科技的舞美、灯光技术和化妆技巧，使舞台布景大气磅礴、美妙逼真，创造了高水平、精致、唯美的剧场艺术。该剧提升了粤剧的艺术品位，深受现代年轻人的喜爱。

第二，深入挖掘、提炼出非物质文化遗产项目中的文化艺术元素、图案纹样符号等，运用新的设计思路与理念，进行创新设计，创造出当代民众乐于接受的文化艺术产品。

南京云锦织造技艺在进行生产性保护的实践中，坚持继承中创新、保护中发展，已取得显著成效。项目保护责任单位南京云锦研究所，遵循从两个层面进行创新的理念。一是对项目本身的保护发展，坚持本真性原则，不走样、不变味，存续其文化基因。南京云锦研究所坚持传承云锦织造的核心技艺，使纯手工的云锦织造技艺得以真正保护和传承。

但这种传承不是因袭照搬，而是在采用传统技艺生产时，通过产品设计上题材和内容的变化，功能的拓展来体现创新。二是从非物质文化遗产项目中抽取出艺术元素和图案纹样，通过创新设计，开发创造衍生产品，推出各种具有云锦元素的艺术品、日用品等，使昔日皇家独享的御用品，走进寻常百姓家。

在非物质文化遗产的教育传承中，一些项目在传承中的创新也颇受重视。如武汉纺织大学服装学院10多年前便开始有计划、有步骤地传承"汉绣""土家织锦——西兰卡普"等极具楚鄂风情的非物质文化遗产，组成专门的研究团队，进行深入的田野考察、实地调研和实物收集，深刻认识项目的艺术特色、文化内涵、生存方式、存续状态等，在历史文化考察基础上，科学合理地进行项目的研发。研究团队运用本校获得国家科技一等奖的"嵌入式复合纺纱技术"和其他一些先进技术成果，通过染色和图案的设计，对现有纺织材料的性能进行改变，创造出西兰卡普崭新的视觉效果和艺术风貌。同时将其文化基因和种源与当今时尚设计对接，并将其转化为审美设计元素。他们根据土家族织锦文化元素设计创作的土家族服饰有二十多个系列近百余套服装，在首届中国民族服饰博览会上进行展演，并获得创新设计大奖。

第三，合理利用非物质文化遗产资源，进行新的艺术创作和开发文化创意产品。

我国的非物质文化遗产极为丰富多样，这些资源既是中华民族发展壮大的精神动力和智慧源泉，也是有待后人挖掘和利用的宝藏。合理地开发利用并通过转化创新的方式，能使这些宝贵的文化资源焕发出新的生机与活力，既能更好地继承弘扬中华优秀传统文化，又能惠民、利民，满足当代民众的各种文化需求。利用非物质文化遗产资源，创造出广大民众需要且喜爱的文化服务产品，符合国家未来的文化发展战略。

目前，已涌现出不少利用非物质文化遗产资源开发文化创意项目并赢得市场的范例。如利用"刘三姐歌谣""壮族歌圩"资源，制作的桂林山水实景演出《印象·刘三姐》；利用"少林功夫"资源，制作的山地实景演出《禅宗少林·音乐大典》；利用云南民族民间歌舞，创作的《云南印象》等：都获得了较大的成功。

民间文学资源更具有文化创意的价值。民间文学资源在创造各类文艺作品、发展动漫产业、开发旅游服务产品等方面，均凸显出重要的价值和功能。如梁祝传说不仅是影视剧、戏剧改编与再创造的素材，而且已经渗透到年画剪纸、泥塑面塑、石雕木雕、彩陶瓷塑、刺绣草编等多种民间工艺美术之中，钢琴、小提琴、二胡、古筝、笛子、琵琶等十多种乐器争相演奏梁祝。小提琴协奏曲《梁祝》、越剧《梁山伯与祝英台》已经成为艺术经典之作并享誉海内外。此外，舞蹈《梁祝》、芭蕾舞剧《梁祝》、动漫《梁祝》、杂技《化蝶》等，也都颇受观众喜爱。

三 要防止打着创新招牌进行破坏性开发的行为

实践证明，非物质文化遗产的保护与传承应与时俱进地创新发展，在保有自身本质特性的同时，不断适应新的社会发展需要。在保护传承的基础上坚持进行合理创新，如此才能使非物质文化遗产更好地融入当代民众的生产生活，使古老的非物质文化遗产项目在新的社会环境中焕发生机、蓬勃发展。

首先，各级政府相关部门应发挥主导作用，并以正确的理念加以引导。坚持科学地继承发展、转化创新。要深入挖掘非物质文化遗产的文化内涵、延续其文化基因、开掘其现代意义、激活其当代价值，使其焕发新的活力。

其次，要防止打着非物质文化遗产创新的招牌，歪曲非物质文化遗产项目的本质特性，甚至进行破坏性的开发或过度的商业利用的行为。在非物质文化遗产项目的创新上要把握好"度"，坚持适度创新；在非物质文化遗产资源的开发利用上，要防止以假乱真，要始终坚持"保护为主、合理利用"的原则，遵循非物质文化遗产自身的发展规律，采用正确的方法和科学的方式，实现非物质文化遗产保护传承基础上的创新发展。

非物质文化遗产保护
应注重系统性

刘魁立[*]

摘　要

　　作为首都、作为首善之区的北京，在非遗保护方面立法，会对全国产生示范作用。北京启动非遗立法工作不算很早，可以学习其他省份的成功经验，如此其立法可能更加全面、更加有价值、更加有参考意义。

　　非物质文化和非物质文化遗产不是一回事。有非常多的东西虽然属于非物质文化，但其中一些重要内容并没有纳入非物质文化遗产的范围当中。

　　我们的非遗保护，为了工作方便，采取了解构的办法，但是实际上，在真正保护的过程中完全应该是结构性、系统性的，或者是体系性的，把每一个非遗项目看作一个体系。

　　北京非遗保护的立法工作令人印象深刻。一是工作团队吸纳了各有关方面的专业人员。二是工作团队的视野比较开阔，对国内和国际各个方面的重要资料都进行了归纳，并加以参考。三是在指导理念和顶层设计方面有一个很不错的高度。在理解了过去各地立法，包括国际和国

---

[*] 刘魁立，中国社会科学院荣誉学部委员，国家非物质文化遗产保护工作专家委员会副主任委员。

内在内的一些立法经验之后，再来思考问题，起点高。四是对北京的情况有比较深入的了解，当然可能还需要进一步加强，但针对性是比较清楚的。

作为首都、作为首善之区的北京，在非遗保护方面立法，会对全国产生示范作用。北京启动非遗立法工作不算很早，可以学习其他省份的成功经验，后来居上，立法可能更加全面，更加有价值，更加有参考意义。

一 非物质文化遗产的界定需要更广的视野

究竟哪些东西应该作为我们自己的遗产来加以保护，界限要严格划定。

在我国《非物质文化遗产法》制定之前，联合国教科文组织《保护非物质文化遗产公约》中有关于自然和宇宙的知识和实践的内容，我们的非遗法中则没有这样的条款，只是最后加了一个"其他"，这个问题仍然需要认真研究和思考。

比如，中国传统生活方式与月亮的关系。中国的传统历法或节日体系的一个关键部分是与月亮的关系，这是与其他国家、其他民族的文化相比而言的一个重要特点。中国自古以来写月亮的诗非常多，远远超过写太阳的诗，中国人对太阳多少有点恐惧的味道，可是觉得月亮特别亲切。这是人类文化多样性的一个重要表现，是中国文化对世界的贡献。因而对这一领域，需要做一些认真的研究，可以再细致地推敲一下，现在我们认为珍贵的是什么，要关注和保护的是什么。

非物质文化遗产的界定，还涉及对特定概念和定义的理解问题。《保护非物质文化遗产公约》里，部分概念的译法后来有所调整和修改，反映了非物质文化遗产保护意识方面的进步。例如，现在被称为"社区群体"的概念，过去被翻译为"团体"。团体完全是人为组织的，而社区是自然形成的人群，与人为组织起来的团体不一样。社区的生活方式与现在的团体活动及其制度完全不同。我们现在要保护的，就是老百姓的生活方式中的宝贵遗产。

"再创造"这一重要概念的翻译变化，也应该引起我们的关注。在《保护非物质文化遗产公约》中，最早用的是"创新"这个词，现在的新译文则是"再创造"。"创新"容易解释成为可以"另起炉灶"，是现代的个人的创造，是今天人们意愿的直接表达。"再创造"则不同，其要在历史的基础上推进和发展，要考虑到既往的历史过程，要照顾传统。看起来是很简单的概念的翻译，深究起来实际上两词的内涵完全不同。可持续性不仅关乎今天与明天，也牵扯到我们的昨天与我们的今天的关系。

　　现在我们讨论文化产业问题，需要关注创新与再创造的关系。例如，有人把北京的兔爷改成美国卡通式的形象，作为孩子们的玩具，虽然挺好玩，但仔细一想，并不合适：对于北京的民众来说，供兔爷是祭祀性的活动，兔爷有一定的神圣性，不完全是玩具。虽然祭祀之后兔爷可以变成玩具，也可以扔到垃圾堆里，但它在角色转变之前，仍然是一个祭祀的神圣对象。把它的特征中的非常不重要的一部分当作它的本质，那不是糟蹋了我们北京习俗的神圣性吗？

二　非物质文化遗产保护应注重整体性

　　应特别关注整体性保护的问题。严格地说，我们整个非遗保护，为了工作方便，采取了解构的办法，但是实际上，在真正保护的过程中，完全应该是结构性、系统性的，或者是体系性的，把每一个非遗项目看作一个体系，这一点很重要。

　　以舞蹈为例。作为非物质文化遗产的各种舞蹈，队形也好，肢体动作也好，当然重要，但是它只是整个生活方式中的一部分。舞蹈与信仰、审美和其他要素放在一起的时候，才是一个非常完整的文化项目。可是现在如果仅仅将舞蹈的动作系统抽取出来，当作一般的舞蹈，就容易忽略和弱化其他方面的要素。

　　在这种情况下，所谓结构性的保护，也就是整体性的保护特别重要。在立法中，对这些关键问题，需要特别给予强调。

三 不宜过度强调文化安全与知识产权

一些提法要把握好分寸，有的概念是否要特别强调，应反复推敲。

例如，"文化安全"对于整个国家来说非常重要，但是对于非物质文化遗产来说，也许就变成了次要问题。保护和传承的目的在于把我们民族文化的优秀部分保护好，把它的全人类性强调出来。联合国教科文组织人类非物质文化遗产名录的推出，目的是让大家知道并且爱护和欣赏它们，甚至传承它们。如果不加区别地过分强调文化安全，不许外国人扭秧歌、舞龙、过中国的节日，那就违背了保护的初衷。现在马来西亚的龙舞、越南的龙舞，都是从中国传去的。中国的东西拿出去共享，是文化多样性形成的一个重要方面。过度强调文化安全问题，反而会阻隔文化的向外传播与传承，这样就很难使部分人的变成大众的，也不能进一步推广到全世界。

又如，避免过度强调知识产权概念。非物质文化遗产不完全是私产，传承人的手艺是民族的和历史的，这些手艺本身并不是（至少不完全是）传承者个人的发明，所以不一定要特别强调所谓知识产权问题。非物质文化遗产的传承人应具有公共意识，认识到非物质文化遗产具有一定的公共资产的特征，自觉意识到手艺的民族性与历史性。当然，若涉及传承人的行业机密，其知识产权应受到保护。

期待北京早日出台一部特别好的非物质文化遗产保护的法律文件，以进一步促进北京的非遗保护工作。

北京非遗保护立法的突破契机

郑长铃[*]

摘　要

　　我们的立法要以《保护非物质文化遗产公约》以下简称《公约》为依据，"分类"、"保护"与"再创造"这三个关键词需要引起我们的注意。我国的《非物质文化遗产法》已经颁布，我们必须守护和执行它，但是非遗法仍然有我们需要检讨的地方，有待修订。

　　北京市的非遗保护立法需要从北京的特殊性出发，北京有着丰富的文化遗产，有丰富的文化传统积淀，同时它又是一个非常具有活力的创新性的国际都市，有高度的包容性和创造力，各种外来文化形态在北京这样一个大舞台上融合，立法时要特别注意这个问题。

　　在传承人的认定方面，很多问题已经非常尖锐地表现出来了，比如团体传承、集体传承，或者机构传承、家族传承等问题，还有文化生态实验区的设立、经费的保障、人才的培养等问题。北京市的立法可以起到纠正其他地方的错误、弥补不足的作用。

　　此前北京市文化工作方面的不少做法起到了引领作用，这次非遗保护立法，虽然按排序来说北京排得比较靠后，但是我相信，北京的法

---

　　[*] 郑长铃，中国艺术研究院文化发展战略研究中心主任。

规出来一定还是会给全国树起一个榜样。在地方经验基础上，在国家《非物质文化遗产法》的基础上，来探讨北京市的立法，应该是非常有意义的。

一 《保护非物质文化遗产公约》的关键是分类、保护与再创造

我们的立法要以《保护非物质文化遗产公约》为依据，这个公约里有三个关键词需要引起我们的注意。

第一个关键词是"分类"。我们国家名录里现在是按十类来分，其实这种分类法有些问题，我建议考虑五大类的分法，然后可以更好地对具体的文化表现形式进行分类保护。

第二个关键词是"保护"。我现在在文化发展战略研究中心工作，主要做的是非遗保护的研究。在工作过程中，以及跟一些专家一起做的调查中，我发现要想把这个"保护"的精神真正体现在法规里，要很好地去研究其九个方面的内涵。

第三个关键词是"再创造"，这是《公约》里的，也是常常被忽视的。"再创造"三个字，对北京尤其重要。因为北京是国际都市、是我国的首都，又是直辖市，有着非常深厚的传统，是全国各省份的榜样。

二 非遗立法需更重视"保护"

非遗法已经颁布，我们必须守护和执行它，但是非遗法中仍然有我们需要检讨的地方，有待修订。在非遗保护工作开展多年以后，也需要我们总结此前多年的实践经验。

例如，非遗法的分类就存在问题，包括它的名称。在这些方面，我们可以设想一下，北京市是不是可以有所突破。《中华人民共和国非物质文化遗产法》的名称中没有"保护"两个字。我们是不是可以在这里有一些深入的调查研究和思考。我热爱中华传统文化，就像前文化部

部长孙家正所说，不管是什么样的东西，我们都要先保护，不要等到洗澡水和孩子都泼出去了，才感叹可惜，到那时候再保护就来不及了。在这一点上，我们是不是可以有所突破，另外是不是可以在理念上有所突破，比如，文化传承与传播理念的突破。

三 北京的非遗保护立法需从自身的特殊性出发

北京市的非遗保护立法需要从北京的特殊性出发。北京的特殊性有几个层面，北京首先是首都，然后是直辖市、国际都市、文化中心、政治中心、经济中心等。北京有丰富的文化遗产、有丰富的文化传统积淀，同时它又是一个非常具有活力的创新性的国际都市，有高度的包容性和创造力。在立法的时候，不能仅仅看今天的事情，要为未来做一些事情，我们这一代人要有前瞻性。

需要重点关注文化生态的特殊性和项目的特殊性。北京有着悠久的历史，唐朝的时候，这里及周边就开始形成都市文化，影响延续至今。北京又是一个不断在加速移民的城市，有各种外来文化。京昆文化原来就不是北京的，皇家的很多文化也都不是北京的，这些文化形态在北京这样一个大舞台上融合，在立法的时候，要特别注意这个问题。今天，同样存在这样的现象。我认识一个已经在北京生活了20多年的福建人，他不仅把他的外在的生产、生活方式带到北京来，同时也把他的信仰带到了北京。他是莆田人，是妈祖的后代，所以他在昌平建了一个妈祖公园，塑了妈祖像，每年妈祖过生日的时候，他都组织地方戏来这里演出，周围所有的莆田人，包括福建其他地区的人以及很多北方人都来这里看戏，形成了一个特定的文化空间。这样的文化传播，以及在此生根开花结果形成的文化表现形式，我们立法的时候，是不是要关注到，又该如何体现对其的保护？

立法能显示北京作为首都的特殊性，需要直面存在的问题，包括文化认同的问题，我们要采取积极的态度。其实有很多人已经在北京工作了30多年，创业了30多年，还是没有产生对北京文化的认同，这是立法时需要注意的。

四 非遗保护需超越现代与传统二元对立的思维

需要跳出现代与传统二元对立的思维，并要超越它。人们提到现代时，往往认为其跟传统对立，觉得传统好像跟现代格格不入。这个二元对立思维一定要跳出来，而且必须在立法的时候超越它。其实现代与传统是一体两面，哪一天我们不活在传统里？要处理好这个一体两面的问题。"再创造"的问题，包括保护和修复传统，以及当代的生态再创造和再维护。

北京市有不少还未引起充分关注的非物质文化遗产。比如老龙头，是元代郭守敬时期的水利遗址，有着非常深厚的文化底蕴，又有科技含量，值得全面深入研究、挖掘。我之前去考察了这个地方，认为北京市应该认真对待。我觉得像这样一个文化生态的修复，需要我们关注。

非物质遗产的整体性保护，不能只说非物质遗产的整体性，应该把物质遗产、自然遗产也包括进去。例如，现在的村落文化的保护便需要形成一个整体，并且找准切入点，从民众的生产方式和生活方式入手，这样才能把握住文化遗产保护的核心。

在传承人的认定方面，当时我们都在讨论传承人认定应该怎么样，但是很多问题现在已经非常尖锐地表现出来了，比如团体传承、集体传承，或者机构传承、家族传承等问题。一个家族里有十几个中医，认定一个传承人，其他人都要闹翻天，在家族里开始争斗；一个剧种，认定一个传承人，接下来的戏就没法唱了。在这样一个问题上，国家文化行政主管部门，有为难之处，现在有些做法算是无奈之举。这些北京市是不是可以有一些突破？

还有文化生态实验区的设立、经费的保障、人才的培养等问题。北京市是不是可以起到纠正其他地方的错误、弥补不足的作用？如果能以非物质文化遗产作为核心，在这些方面做一些更深入的调研，所立之法有的放矢、行之有效，则不仅可以促进保护，而且可以推动发展。

正确理解与应对网络谣言*

陈国战**

摘 要

只有树立正确的网络谣言观念，才有望提出切实有效的对策。在当前的舆论中，网络谣言往往被污名化、妖魔化——人们不仅假定网络谣言的内容都是虚假不实的，而且假定制造和传播网络谣言的人都是别有用心的。基于这种观念，网络谣言的治理对策必然以严厉打击为主，但事实证明，这不仅不利于问题的解决，还容易激化社会矛盾，使公众的不满转移至"地下"，形成一个潜在的舆论场，造成官方舆论场与民间舆论场的分裂。

当前，国内很多学者不认同这种常见的网络谣言观念，提出了各种各样的解读网络谣言的新方法，比如，将它视为一种"社会抗议""弱者的武器"等。这些观念的一个共同特点是，将网络谣言置于官方话语的对立面，强调它的对抗特征和舆论监督功能。然而，这些网络谣言观念有以偏概全之嫌。

事实上，作为一种"小道消息"，谣言在任何一个社会都是存在的，它构成了一种重要的社会资本。在一个理想的社会中，谣言

---

* 本文为2014年度国家社会科学基金青年项目"网络谣言的形成原因与治理对策研究"（14CXW023）的阶段性成果。
** 陈国战，首都师范大学文化研究院副研究员。

应该维持在适当的规模，不能太多也不能太少。如果谣言成了主导话语，那就说明人们对公共机构的信任已经彻底丧失，这显然不是一个健康的社会。树立这种观念才能够提出治理网络谣言的有效对策。

在当前社会的主流舆论中，网络谣言被污名化、妖魔化了——人们不仅假定网络谣言的内容必定为假，而且假定人们制造和传播网络谣言的动机都是居心叵测、不可告人的。在当前的学术研究中，网络谣言被政治化、敏感化了，很多学者将其理解为"社会抗议""弱者的武器"等，有以偏概全之嫌。这些观念不仅不利于网络谣言的治理，还容易激化社会矛盾，导致官方舆论场与民间舆论场的分裂。

一 当前社会主流舆论中的网络谣言观念

随着互联网的发展，各种社会矛盾凸显，网络谣言层出不穷，很多甚至造成了严重的社会恐慌。如今，在几乎每一起网络公共事件发生后，都会有谣言随之而起。如何正确应对网络谣言，已经成为对各级党委和政府部门的严峻考验。

当今社会已经形成了一整套关于网络谣言的解释和治理对策，比如，网络谣言之所以大行其道，是因为互联网降低了信息发布的门槛，加快了信息传播的速度，给谣言"插上了翅膀"。之所以要打击网络谣言，是因为它危及社会安定和国家安全。要治理网络谣言，就要完善法律法规，加大惩处力度，对造谣者勇敢亮剑。

二 当前中国学界的网络谣言观念

目前，国内很多学者将网络谣言视为"社会抗议""弱者的武器""权力的补偿渠道""非制度化的政治参与""舆论监督"等。这些观念的一个共同特点是，将网络谣言置于官方话语的对立面，强调它的对抗特点和舆论监督功能。

从客观效果上看,有些网络谣言确实具有明显的对抗性,比如,2010年"李刚门"中此起彼伏的谣言,传达的就是公众对一些权力部门的不信任;有些网络谣言确实也可以起到舆论监督的作用,它们常常通过"倒逼"的方式,促进公共事务的透明化和权力运作的规范化。但是,如果我们以此来概括所有的网络谣言,就以偏概全了。

我们不应该将网络谣言问题过度政治化、敏感化。这一方面与实际情况不符,是以偏概全;另一方面也将网络谣言上升到了抗争政治层面,容易引起过度反应,不利于问题的妥善解决。

三 转变网络谣言治理的观念

西方学界对谣言的研究开始于"二战"时期,几十年来取得了丰硕的成果。总体而言,他们大都对谣言内容的真假不做判断,而认为谣言是"未经官方证实的信息"。因此,所谓谣言,就是指人们通常所说的"小道消息",它的内容可能是真的,也可能是假的,人们传播"小道消息"的动机也是五花八门的。

在日常生活中,我们每天都需要各种各样的信息,这些信息要完全通过官方渠道来获得是根本不可能的,因此,各种"小道消息"也是必不可少的,它们不仅可以方便人们的生活,还能降低社会运作的成本,构成了一种重要的社会资本。在一个理想的社会中,谣言应该维持在适当的规模,不能太多也不能太少。如果谣言成了主导话语,那就说明人们对公共机构的信任已经彻底丧失,这显然不是一个健康的社会。而一个谣言绝迹的社会,要么是一个冷漠的社会,人与人之间相互提防,漠不关心;要么是一个恐怖统治的社会,人们对传递任何小道消息都心存忌惮,这显然也不是一个健康的社会。

谣言是一个社会的有机组成部分,正如有学者所说,"就和一个没有细菌的世界比细菌更可怕一样,一个没有谣言的世界也比谣言更可怕"。只有树立了这样的观念,摒弃将所有网络谣言都赶尽杀绝的想法,才能找到治理网络谣言的有效对策。

四 应对网络谣言的对策建议

第一,区别对待不同种类的网络谣言,准确把握网络谣言的成因。网络谣言的成因多种多样,从动机角度看,大部分出自无意中的信息误传。在日常生活中,人们每天都会接收和发布大量信息,要求他们逐一去核实这些信息的真伪是不现实的。因此,对于这类网络谣言,有关部门要及时提供权威信息,以正面引导为主。不可否认的是,也有网络谣言是一些人为了达到某种目的而刻意炮制的,如很多政治谣言、商业谣言等,对于这类谣言,有关部门要借助各种技术手段查找谣言源头,对造谣者依法严厉打击。

第二,提前研判网络谣言的影响力,采取不同的应对策略。在网络传播时代,社会信息环境极其复杂,各种谣言层出不穷。有研究显示,仅在微信平台上,每天收到的谣言举报就有3万余次,日均谣言拦截量达210万次。显然,这些谣言大部分都产生不了什么社会影响,完全可以凭借社会的自净化能力予以消除。对于这类谣言,如果有关部门出面辟谣,反而会助长它的社会影响力,在公众中产生"你不辟谣我还不信,你一辟谣我反而信了"的结果。相反,对于那些有可能产生重大社会影响的网络谣言,有关部门要提前研判,及时出面澄清,以防止谣言进一步扩散。

第三,及时发布准确、权威的信息,回应公众关切。在任何一个社会中,谣言(小道消息)都与正规渠道发布的信息构成一种竞争关系,一般情况下,公众都更愿意相信正规渠道发布的信息,只有在正规渠道提供的信息不及时、不可靠或不完整时,人们才会相信谣言。因此,每当一个重大公共事件发生后,有关部门都要及时发布准确、权威的信息,以回应公众期待,消除产生网络谣言的隐患。行动迅速、反应及时一直是危机管理的首要原则,在网络谣言形成后,有关部门要在慎重调查的基础上及时回应,一些学者提出了"黄金24小时定律""黄金4小时法则"等,都是在强调及时回应的重要性。

第四,采取平等对话姿态,重视社会情绪引导。当前,很多网络谣言的传播者与谣言内容都没有直接的利害关系,他们之所以加入传播者的行列,更多不是出于维护自身利益的考虑,而是为了发泄不满情绪。对于这些网络谣言,仅仅提供准确、权威的信息是不够的,还要重视社会情绪的引导,如果不消除社会对立情绪,政府辟谣的效果就微乎其微,即使平息了一个谣言,也会有其他谣言紧随其后。在辟谣时,政府要采取平等对话的立场,而避免表现出真理在握的姿态,避免将公众视为"不明真相的群众"。在2011年温州动车事故发生后,铁道部发言人之所以没能平息谣言,反而引发公众更大的不满,就在于他没能放下身段,与公众进行平等、坦诚的对话,而是用"这是一个奇迹""不管你信不信,我反正信了"之类的说法来敷衍公众对真相的期待。

　　第五,转变信息传播方式,增强官方新媒体的影响力。截至2015年12月,我国网民规模已达到6.88亿人,其中手机网民规模达6.20亿人,有90.1%的网民使用手机上网。在这种背景下,网络谣言治理必须重视发挥新媒体的作用。目前,很多政府部门开通了官方微博、微信与客户端,截至2015年底,新浪微博平台认证的政务微博已达15.2万个,年发博量达2.5亿次。但是,与政务微博快速发展形成反差的,则是参差不齐的使用现状。据媒体报道,不常更新的"僵尸账号"、自说自话的"官腔账号"、不负责任的"应付账号",成为网友诟病的三大账号。为了应对网络时代的挑战,提高官方话语在社会舆论场中的影响力,有关部门要切实重视发挥新媒体的作用,而不能只开账号从不使用。

抗议性谣言的大量出现及其治理

雷 霞[*]

摘 要

所谓抗议性谣言是指与公权机构、主流媒体发布的信息，或与社会上广泛流传的信息相左，旨在提出质疑、猜测、非议的不确定性信息。目前，我国正处于社会转型期，各种新问题、新矛盾极易导致抗议性谣言的产生与传播。而新媒体则使大众有了快速发布信息与相互交流的平台，从而使新媒体成为滋生和传播各种抗议性谣言的重要平台。不过，我们需要消除新媒体是谣言产生的"摇篮"的偏见，更不能简单地认为新媒体是谣言产生的"罪魁祸首"。

抗议性谣言因其本身包含"抗议性"，传播与扩散容易引发敌对情绪，所以我们不能坐视不管，也不能仅仅依赖于新媒体有限的"自清功能"，而需要主动应对。一些造成严重危害后果的抗议性谣言应得到法律的制裁。但如果不加区分，对一切抗议性谣言都采取一刀切的"严打"，就不仅会激化矛盾，引发新的社会不满情绪，还容易导致"寒蝉效应"，不利于社会的和谐发展。

在信息来源多样化的新媒体时代，我们需要用怎样的态度来看待

---

[*] 雷霞，中国社会科学院新闻与传播研究所助理研究员。

谣言，尤其是对社会稳定与经济发展可能会造成一定影响的抗议性谣言，这是繁荣社会文化与推动社会进步过程中必须面对的重要问题。

一 抗议性谣言的复杂情况

在梳理各种谣言概念的基础上，笔者试图更加客观、中立地界定谣言，即谣言是被广泛传播的、含有极大不确定性的信息。被称为谣言的信息有真有假，并不能简单地将谣言等同于虚假信息。在新媒体时代，谣言在传播过程中可能被个人与群体共同加工、增减、修补而产生变异，也有可能在个人与群体追求真相的过程中被证实或证伪，从而消除其不确定性。

而所谓抗议性谣言是指与公权机构、主流媒体发布的信息，或与社会上广泛流传的信息相左，旨在提出质疑、猜测、非议的不确定性信息。抗议性谣言排除了娱乐性、广告性、游戏性，有恶意的也有非恶意的，有故意的也有非故意的。抗议性谣言大多出现在维权事件、突发事件、群体事件中。

二 抗议性谣言层出不穷的原因

目前，我国正处于社会转型期，各种新问题、新矛盾极易导致抗议性谣言的产生与传播。而新媒体的广泛性、互动性、便捷性使大众有了快速发布信息并相互交流的平台，从而使新媒体成为社会舆论的重要阵地，也成为滋生和传播各种抗议性谣言的主要平台。

1. 社会层面的原因

其一，在当前社会中，个人的社会压力不断增加，个人对自身生存环境、公共安全、食品安全等的担忧与焦虑也与日俱增，导致相关抗议性谣言此消彼长。

其二，根据2013年《小康》杂志联合清华大学媒介调查实验室在全国范围内开展的调查，近些年来，政府的信用一直是"公众最担忧的信用问题"，损害政府公信力的案例时有发生。面对公众质疑，一些地方政府和官员或者不能提供及时、客观和站得住脚的解释，或者缺乏沟通和处理的能力和技巧，从而进一步影响政府的公信力，造成抗议性谣言层出不穷。

其三，一些社会热点事件出现以后，常常会引发新的社会问题，连带产生新的谣言。在错综复杂的事态发展中，抗议性谣言很有可能引发群体性事件，或者造成不良的，甚至危害性的社会后果，而这些不良的社会后果反过来又会促使新的抗议性谣言的产生。

2. 技术层面的原因

新媒体技术使谣言的编造更加"本真化"，即"感觉更像是真的"，极大地增加了谣言的蛊惑性；信息发布者可以随意发布信息，也可以随意撤销、删除自己发布的信息，溯源的难度增大；利用以往的新闻事件，甚至是以往的谣言信息，经由技术性的改造而重新传播，造成以往谣言信息"死灰复燃"；通过新媒体技术进行情境拼接，以"新闻"的方式发布以假乱真的信息，蛊惑大众。这些技术层面的原因都是新媒体时代特有的。新媒体平台带来信息生产与传播的便利，自然也带来谣言信息制造与传播的便利，而抗议性谣言大多涉及民众的切身利益，因此更容易大范围传播。

3. 传播层面的原因

自产生以来，谣言就严重依赖口耳相传。移动化和社交化的新媒体强化了人际间的传播，只不过这种人际传播规模更大、范围更广、速度更快、成本更低。因此，抗议性谣言借助新媒体技术提供的人际传播平台，生命力更加强大，在微信平台上，一些彼此认同的抗议性谣言常常能够得到刷屏式的传播。

同时，在传统媒体时代，信息源相对单一，事件的重要性也比较统一。而在新媒体时代，信息源增多，大众接收信息的渠道也变得多元，信息量更是呈爆发式增长，如何判定这些信息的重要性，其标准也变得多样化了。在很多时候，谣言的生命力及其传播活力更多地取决于事件与传播者自身的相关性，相关性越高，越容易传播，这一点在有关环境污染、食品安全、灾难事故等的抗议性谣言中表现得尤为突出。

4. 谣言传播渠道多样，媒体与媒体工作者也可能成为谣言传播者

谣言并不是新媒体的专利，一些传统媒体和专业记者、编辑也可能

成为谣言的制造者和传播者。通过对最近11年来出现的33条谣言传播情况的分析,笔者发现,首发渠道是网络(包括论坛、贴吧、政府网站和微博等)的谣言约占55%;其次是口耳相传(包括面对面和电话)首发的,约占18%;最后是传统媒体(报纸)首发的,约占15%。因此,我们不能武断地判定各种新媒体平台是传播和扩散谣言(含抗议性谣言)的专属平台,口耳相传作为传统谣言的主要传播方式,在新媒体时代依然奏效,而传统媒体,也并非谣言传播的绝缘地带。因此,我们需要消除新媒体是谣言产生的"摇篮"的偏见,更不能简单地认为新媒体是谣言产生的"罪魁祸首"。

5. 辟谣的滞后与难度

辟谣滞后,甚至缺少辟谣,再加上在某些问题上辟谣难度大,使得一些悬而未决的抗议性谣言长时间存在。这些抗议性谣言的传播者在没有获得权威信息的情况下,对谣言信息不明就里,各种猜测,质疑和求辟谣就充满了新媒体传播平台。同时,权威性或公信力不够的主体发布的辟谣信息,有时候不但起不到预期的辟谣效果,反而会以辟谣的方式扩大谣言传播的范围。一些公众常常是在本不知某一谣言的情况下,看到了辟谣信息才知晓谣言,但因辟谣主体缺乏权威性和公信力,大众宁愿相信谣言信息,而不愿相信辟谣信息。

三 抗议性谣言的治理对策

抗议性谣言因其本身包含的"抗议性",其传播与扩散容易引发社会对立情绪,所以不能坐视不管,也不能仅仅依赖于新媒体有限的"自清功能",而需要主动应对。一些造成严重危害后果的抗议性谣言应得到法律的制裁。但如果不加区分,对一切抗议性谣言都采取一刀切的"严打",不仅会激化矛盾,引发新的社会不满情绪,还容易导致"寒蝉效应",不利于社会的和谐发展。

在新媒体平台上,既有确定的信息,也有不确定的信息;既有真实的信息,也有虚假的信息。对于大众来说,如何判断和筛选出确定的、有价值的、真实的信息成为难题。尤其是当大众面对谣言信息无所适从的时候，更加需要从权威媒体上得到确定的信息。这就向专业媒体机构和媒体工作者提出了挑战，同时也为他们提供了机遇。

1. 新媒体语境下重新界定主流媒体

在新媒体时代，伴随着信息来源的多元化、信息发布平台与渠道的多样化，舆论的形成与引导产生了很大的变化，同时，主流媒体的范围也应有所扩展。随着新媒体的发展及其日益凸显的舆论阵地的作用，新华网、人民网等各大新闻门户网站及其新闻客户端、官方微博、微信等得到很高的社会评价，并与传统主流媒体形成了良好的互动与互补。在这种背景下，我们需要对"主流媒体"进行重新定义，即它是指与主流思想和价值观相一致，面向主流人群，关注社会发展的重大问题，成为权威资讯来源和思想来源的各种传统媒体和新媒体的统称。

2. 把握"信息拼图"时机，及时发布主导信息，主动澄清

在谣言出现的时候，传统媒体与新媒体应各显所长，及时辟谣。传统媒体不能简单地借助网络上的碎片化信息来提炼新闻报道。在谣言广泛流传之前，只要及时发布真实的信息，造成真实信息主导的舆论氛围，那么非真实的信息自然就被淘汰，这时的治理成本最低。如果真实信息没有及时发布，使非真实的信息主导了舆论，那么，"信息拼图"反而会排斥滞后发布的真实信息，使真实信息得不到广泛传播，这时的治理成本是高昂的。

3. 及时回应并解决抗议性谣言所指涉的社会问题

对一些涉及民众利益的事件与问题的处理，要做到快速、及时，让民众满意，这是避免谣言，尤其是抗议性谣言产生与传播的有效手段之一。如果公众所担心或质疑的问题得到了快速、及时的回应和解决，那么，抗议性言论和行动自然会失去存在的土壤。

4. 提升新媒体的权威性与公信力

有人认为，在谣言传播开来的时候，首先要借助传统媒体的权威信息发布来澄清谣言。但在新媒体已经得到普及的今天，摒弃新媒体平台并不是明智的选择，相反，应该有效利用新媒体平台，并打造可信度高的新媒体。无论是传统媒体，还是新媒体，都可能成为主流媒体，要消除对新媒体的偏见。在新媒体用户越来越多的今天，如果仅仅专注于打

造传统媒体的公信力而忽视新媒体,显然没有与时俱进。因此,打造公信力强的媒体,既包含传统媒体,也包含新媒体。

5. 使新媒体成为传统媒体的信息共享与补充平台

无论是传统媒体还是新媒体,公信力都是其生命力所在。公信力也是媒体影响力的基础,没有公信力,自然谈不上强大的影响力。在新媒体时代,专业记者可以利用各种新的媒介平台和工具更好地为新闻报道服务,微博、微信、QQ、移动 App 等,都是很好的信息传播与交流平台,其中有大量的新闻线索,更有很多可贵的一手素材和画面、声音、图像等。只要具备良好的专业眼光和职业精神,并能够正确认识新媒体的作用(而不是将其当成传统媒体的威胁),做到新媒体与传统媒体的有效结合,主流媒体公信力的塑造、权威性的提升就会事半功倍。

网络传播中的谣言与治理

胡 凌[*]

摘 要

  谣言并非完全需要打击的非法存在，毋宁说其根源在于信息不对称。只要存在信息模糊和不公开的情况，就会有谣言存在。而消除谣言的最好方式不是压制和打击，而是及时公布真实的信息，扭转人们的心理倾向，将通过谣言获利的空间降至最小。与其将大量资源投入封堵和整治，不如用于加强信息公开，改善社会整体的认知和预期环境，这同样是一种事先预防，但收效更大。

  在信息传播过程中，可以考虑的约束对象有信息发布者、传播者和传播平台。最有效率的办法是要求微博平台服务商承担第三方侵权责任。

  一方面政府应当努力促成更多的以共同经验、职业和兴趣为纽带的虚拟社群，自下而上地产生有公信力的意见领袖，并训练网民在不同群体中参与公共生活的能力，使碎裂化的空间在一定程度上得到弥合；另一方面在此过程国家应当增强政府公信力，加强信息公开，与不同群体积极互动，提升自身的文化舆论主导权。这是一个重塑国家舆论生态系统的复杂过程。

---

  [*] 胡凌，上海财经大学法学院副院长。

一　网络传播秩序的框架

当我们谈论网络信息传播秩序的时候，往往只关注治理的框架和方式，容易忽视信息的总量。这好比当我们讨论规范交通道路秩序的时候，无法忽视公路上运行着的交通工具的数量，因为数量的增加很可能造成拥堵，拥堵在无法及时得到解决的时候便会进一步加重。

可以预期的是，中国网民数量会持续增长，但因为规则、共识、信任、良好的行为模式和秩序很难在短时间内形成（这涉及上亿人的重复博弈，还有线上与线下言行的差别），对政府而言，净化网络环境的任务就显得尤为艰巨。

如果网民并不把互联网想象成和现实世界有所区别的"空间"，而是后者的延伸，或者就是后者的一部分，甚至是工具，那么就不太可能指望单纯通过互联网改变网民的行为模式，后者可能会破坏前者正在形成的新秩序。我们可以从两方面考虑逐渐改善这种状况。第一，在现实中改进人们的交往模式，培养规则意识，并让他们清楚地认识到网络空间对其行为的约束实际上大大降低了。这需要相当长的时间，也同样面临着多重博弈的问题。第二，进一步发现和研究不同网站、社群正在兴起的某种秩序，分析现实世界中的日常规范是否影响了前者，成员的身份、网站技术的架构、群体内部的互动规则、社会网络与社会资本的程度等要素可以对网民形成不同程度的约束，而无序就意味着它们基本上不起作用。

二　不同网络谣言的影响程度不一

微博、微信的兴起便利了无法证实的各种言论的传播。以微博为例，形成网络谣言的原因有很多，不同内容的谣言也会带来不同程度的影响。

作为传播谣言的主体，网民在发言时较少考虑到可能的后果，除了拥有众多粉丝的公共人物或加"V"的大号外，普通人几乎无法预料自己的转发会有什么后果。现实是，大部分微博或微信内容无法证实或证伪，也不会被注意到，只有少数信息可以被其他大众媒体捕捉，或通过中心节点放大影响，形成所谓的公共事件，而它们也转瞬即逝，因为用户很快就会转向下一个热点。因此，使谣言成真，让众人接受和相信，造成巨大影响，并不是一件特别容易的事情，谣言与每天微博上生产出的海量信息相比，只是沧海一粟。

从内容上看，政治性谣言、涉及政府官员的谣言、商业推手谣言以及缺乏科学知识的谣言更容易得到广泛传播。由于官员腐败的事件不断曝光，网民对这一群体的整体评价不佳，以至于有任何批评或传闻都能够被立即相信为可能。至于商业谣言，背后有众多"网络水军"和"僵尸粉"支持，实际上是一种营销和公关手段，仅仅是为了打击竞争对手或促进自己产品的销售。因此，前一种谣言主要由信息的不透明所致，人们有议论此类信息的需要，而谣言正好可以满足这种需要。这在公众的认知模式中形成恶性循环：越是有这样的谣言，人们越容易相信，这符合他们对所涉对象的认知和想象，因而很难改变。后一种谣言，商业推手将自己伪装成无私的公共利益的代言人，掩盖了背后的获取经济利益的动机，更加剧了网络空间中的不信任。

面对上述情形，我们需要认真思考仅凭法律规定能否有效治理微博谣言。

三 谣言治理的重点是对网络平台服务商问责

实际上，谣言并非完全需要打击的非法存在，毋宁说其根源在于信息不对称。只要存在信息模糊和不公开的情况，就会有谣言存在。而消除谣言的最好方式不是压制和打击，而是及时公布真实的信息，扭转人们的心理倾向，将通过谣言获利的空间降至最小。越来越多的人认识到，及时辟谣才是真正有效的救济方式。与其将大量资源投入封堵和整治，不如用于加强信息公开，改善社会整体的认知和预期环境，这同样是一种事先预防，但收效更大。我们已经在诸多民间科普网站上看到了科学传播的初步效果。

治理谣言还可能和言论自由发生冲突。如果用户并不清楚自己的言论能够带来哪些后果，受"最坏状况"思维影响的事先禁严的预防原则就容易过度，对言论施加了不必要的影响。所以，在没有可预见的现实危害之前不宜对网络言论加以限制，否则会导致自我审查、分享和创新意愿的降低。我们需要综合考虑政府治理方式与其他重要社会价值之间的关系。

一般而言，在信息传播过程中，可以考虑的约束对象有信息发布者、传播者和传播平台。

对信息发布者来说，只要谣言带来的收益大于被发现的概率与惩罚强度之乘积，发布就有利可图。这一点可以较好解释商业推手的存在，因为雇佣水军发帖成本极低，却可以给竞争对手造成巨大打击，收效也比一般的广告好。目前的法律对此类不正当竞争行为的处罚强度不大，同时监管者通过推手发现幕后的公关公司也较为吃力，组织专项整治成本更为高昂，也即被发现的概率相对较小。在这些因素的综合作用下，不难想象商业推手在微博上大行其道。

对传播者而言，由于任何谣言都是众多网民集体行为的结果，甚至很难预测谣言何时停止、何时扩散，若事后要求转发者皆承担相同的责任，则成本过于高昂。除非遭受损失的当事人有动力寻找幕后推手，否则判定传播者与发布者承担共同侵权责任也仅仅能够起到威慑作用。更何况在一个传播网络中，很难证明一个人的行为和后果之间的因果关系，转发者通常是出于从众和扩大声誉的非金钱利益的动机而实施传播行为的。

因此，在这种情况下，最有效率的办法是要求微博平台服务商承担第三方侵权责任。由于服务商极大地依靠大量信息生产和转发而获利，它们没有动力主动清理和鉴别谣言，反而还可能与推手组织合作。中国目前的《侵权责任法》尚未将"通知××删除"作为诉讼的前置程序，这在某种程度上可以形成对网络服务商的某种威慑，即利害相关人可以不经通知而起诉，这就需要相当仔细地搜集充足的证据。

上述思路体现了针对不同网络谣言内容而采取的不同治理方式，其指导原则是"成本-收益"分析。如果我们把每一个谣言传播都看成潜在风险，就面临着是动用某种资源进行事前预防还是事后救济的选择。成本就是抑制该（可能的）谣言传播所要付出的一切费用，包括政府成本和社会成本，例如人力、财力和技术的投入，以及机会成本（与其他价值冲突，资源可以用于其他领域）。

四 应对谣言的最好办法是信息公开

政府应当鼓励各种媒体、社会团体和个人提高发布真实信息的能力，特别是涉及公共利益的信息，要动员社会资源以降低其成本。特别是一些和人们生活相关的谣言，如食品和药品安全，应当由专业研究人员和机构及时向公众介绍相关专业知识，或引起讨论和关注，供公众和业界选择，并深化公众对科学知识的了解。这一过程的本质是提高公共信息质量，互联网已经提供了一个很好的平台，需要考虑的是如何生产高质量的信息、如何加强公开以及如何让公众及时接触到这些信息，免受垃圾信息的干扰。就事后救济而言，政府也应当尽量将关于个人的谣言和诽谤交给私人主体解决，把有限的精力放在培育良好的信息环境上面。

相反的，目前采取的专项整治措施，其效果值得探讨。技术上的封堵和追踪尽管可行，却十分单调、粗暴，没办法回应人们对信息的需求。微博实名制政策实行以来，尚没有关于微博上的谣言、诽谤和不良信息是否得到抑制的研究。这一政策可能的直接后果是减少了僵尸粉的数量（一个身份证号码只能对应一个微博账号），降低了商业谣言和诽谤出现的概率，净化了网络公共空间。这一政策还可能减少实名注册的用户，但这未必能在整体上减少谣言的规模（既有用户已经有很多，需要逐渐完成），也无法改变谣言传播的结构（中心节点一般而言已经实名，而只有经过他们才可能造成大规模传播），更无法消除谣言出现的土壤（源于信息不对称和强烈需求）。如果按照2012年《互联网信息服务管理办法（修订草案）》和《全国人大常委会关于加强网络信息保护的决定》的规定，全面加强网络实名制，就抑制不良信息传播而言，可能收效甚微。可以预见，一旦时机成熟，各种网络谣言还会再次出现，这一伴随着人类社会发展的最为古老的信息传递方式将在数字技术时代延续下去。我们并不能指望彻底消除各种谣言，更加理性有效的办法就是信息公开，通过及时发布真实信息、强化主流媒体的合力来推动网络空间信任的形成。

五 提升公众议事能力与促进网络社群发展

信息公开并非仅仅公布一些基本的事实，而是涉及信息传播的环境、传播的结构、受众的态度。越来越多的人成为网民，他们在现实世界中所处的社会状况实际上也多少决定了他们在网络空间中的群聚与交往。尽管前台的匿名性确保所有人都可以平等地交谈对话，但事实上不同的人会逐渐寻找和自己相似的人，最终在网上形成不同的小圈子，这在很多Web2.0服务中很常见，但在微博上这种现象并不明显。

一些良好的网络社区，其大部分成员的背景相似，有共同的语言，遵守共同的交往发言规则，每个人都理性地探讨问题，也更容易达成共识。而混乱的网络社区平台刚好相反：成员来自社会各个阶层，背景多样，除了体育、娱乐之外缺乏共同语言，也不大可能就某类交往规范达成共识，导致网络空间极度无序。一个明显的表现是微博上的激烈言辞，反映了不同思想意识的冲突。微博的架构决定了其不可能成为公共讨论的空间，人们能够看到的仅仅是各种不同的意见，缺少有实质内容的证据和逻辑。一旦这样的信息环境成为一个国家的主导信息平台，谣言的出现就很难避免，公众的思维也将变得越来越简单，盲目相信意见，缺乏反思和追问的能力，这正是谣言生存的丰沃土壤。

因此，政府应当在提升公众认知和讨论能力的基础上重视网络社群的发展。由于使用互联网的人数逐年增多，即使通过旧有网络服务形成的稳定社群如今也随着商业模式的变化而被新服务所替代。网络空间中的社会规范尚未经过充分的交流达成共识就不断被新加入的用户冲毁。可行的解决方法不是依靠向新型服务投资，而是在既有平台上，充分利用平台的特点，帮助塑造具有相同背景的网民各自的群体。这个过程实际上就是公民自由结社的过程。由于在现实生活中的结社行为受到严格限制,成本很高,公民通过社团实践学习的民主过程严重缺失,互联网则提供了这样的机会。只有通过这样的结社与民主互动,加强与民主制度相适应的公共讨论能力,才可能为中国的民主打下坚实基础。

网络空间是一个混合体,各种利益群体的声音都在其中争夺公共空间话语权,但尚没有哪个群体能够主导微博平台上的舆论。将网络舆论简单地划为政府宣传和民间声音显然是有偏颇的,毋宁说微博的出现导致网络空间进一步碎裂化,也导致中国社会在各种议题上更难以达成共识。

全面的碎裂化和全面的群体化都有负面影响。前者可能意味着一盘散沙,没有任何声音可以主导,群体之间缺乏信任感,网络空间充斥着未加证实的缺乏责任感的言论。后者则意味着群体之间毫无交流,自说自话,形成严重的群体极化。两种情况在社会遭遇重大危机和风险的情况下都会导致民众对真正有价值的信息不敏感,无法安排自己的生活,遭受损失。应当承认,中国网民数量众多,未来相当长一段时间内的公共空间碎裂化不可避免。

六 政府应重视基于大数据的公共政策分析

如上所述,一方面政府应当努力促成更多的以共同经验、职业和兴趣为纽带的虚拟社群,自下而上地产生有公信力的意见领袖,并训练网民在不同群体中参与公共生活的能力,使碎裂化的空间在一定程度上得到弥合;另一方面在此过程中国家应当增强政府公信力,加强信息公开,与不同群体积极互动,提升自身的文化舆论主导权。这是一个重塑国家舆论生态系统的复杂过程。

这一过程还意味着需要摈弃过去仅仅将沟通(communication)看作单向宣传和传播的观念,将沟通视为平等主体之间的双向交流。信息和事实的公开与确认是一个过程,不会一蹴而就,应有反复和争辩,但这个过程本身有很大的价值。它提醒参与对话的人,事实的澄清需要证据,需要平和的心态。

这一过程虽然漫长，第一步却很容易迈出，那就是通过技术手段认清微博平台乃至整个网络空间中各阶层、松散社群的基本情况，提供基于大数据的公共政策分析。商业力量青睐大数据，因为这对他们是无价而免费的信息原料，亟待开掘发现无穷商机，但对国家而言则事关公共利益。体现一国网民真实心态和舆论的数据可以精确反映某些细小但重要的征兆，从而提供关于风险和灾难的线索，提前采取措施提供预防；还可以提供公众的健康、偏好、习惯、职业等通过传统问卷调查才能获得的数据，并为公共卫生与安全提供一手资料。无序的非结构性数据需要不断加以整合分析，社会科学在数字时代将大有用武之地。

推进网络舆论场的供给侧改革

喻国明[*]

摘 要

当前，我国网络舆情的治理已进入"供给侧"改革的发展阶段。舆情管理者更多的不是通过内容的直接输出来管理和引导舆论，而是通过规制的构建、调整与实施来实现对网络舆论场内容生产的总体把握与管理。认识复杂性并在我们的治理规制的构建中体现这种复杂性的要求，是当下网络舆情场治理的重中之重。

我们在网络空间中追求一种文明的表达形式，但这种追求不能绝对化。网络秽语的影响力不应被过度拔高。我们对文明表达的追求和对"错话"的包容并不矛盾。从关联性的角度看，我们的网络舆论治理规制必须顾及和尊重多样性。

网络舆论场作为一个自组织的复杂性系统，具有自我调节、自我发展，从简单到复杂，从幼稚到成熟的成长特性。因此，我们的规制应该为舆情要素的自我发展留出相当大的自由度和活动空间，不要用外在的强力过度限制和干预，不要试图左右社会舆情要素的成长过程，要使个人、集体和社会在自组织机制的作用下有机地成长。

---

[*] 喻国明，教育部长江学者特聘教授，北京师范大学新闻传播学院执行院长。

一　认识网络舆情的复杂性

当前，我国对网络舆情的治理已进入"供给侧"改革的发展阶段。"堵"与"疏"，遏制与供给是一个硬币的两面，是辩证统一的整体。因此，如何使网络舆论的生产和形成与社会发展的现实要求相吻合，是一个重大命题。

作为一种"高维媒介"，互联网是对个人（权利、传播力、资源价值）的"激活"，在网络舆论场中，内容生产的主体是被激活的个人及其联合体。因此，网络舆论场供给侧改革的关键是制定和构建一个关于舆论表达的规则体系。舆情管理者更多的不是通过内容的直接输出来管理和引导舆论，而是通过规制的构建、调整与实施来实现对网络舆论场内容生产的总体把握与管理。换言之，有什么样的规制，就有什么样的内容生产；有什么样的内容生产，便有什么样的舆论场的功能与价值输出。

毫无疑问，任何有效而健康的社会治理都应建立在对客体的内在机制及运作规则的科学把握和恰切操作之上。因此，理解网络舆论及其生成机制的特性，是构建科学合理且行之有效的治理规制的关键。而网络舆论场的一个突出特征就是它作为一个生态系统产物的"复杂性"。所谓复杂性，就是诸多事物和要素彼此缠绕和互相影响，从而形成彼此关联、整体功能不等于个体功能简单叠加的社会现象。复杂性思维要求我们看到这些环节的关联与嵌套，并采取与之相称的对策。具体地说，复杂性逻辑的一个深刻内涵就在于，它是一个"牵一发而动全身"的整体构造，不能简单还原为诸多个体和局部功能的叠加。因此，对一个元素或局部的评价不能用就事论事的方式，而必须还原到它所处的生态环境中。

现代复杂性理论的探索告诉我们：在一个生态系统中，一些看似简单明了的要素通过分层、分叉和分支，进而被某种发展锁定，然后被放大，于是一种原来谁都没当回事的微元素、小事件竟会演化成一场风暴、一个趋势、一种潮流……这正如一块手表、一支烟、某种场合下的一个笑容，在这种复杂性的作用之下竟能让一个机构、一个官员陷入舆论风暴的旋涡之中。诚如法国学者莫兰所言："自然界没有简单的事物，只有被简化的事物。"①

由此，人们越来越深刻地认识到，复杂性阻碍着我们对事物发展进程与结果的理解与把握，使事物的发展过程充满不确定性，甚至会以一种我们不曾预料的方式发生变故，乃至向我们发起攻击。因此，认识复杂性并在我们的治理规制的构建中体现这种复杂性的要求，是当下网络舆情场治理的重中之重。

二 保护舆论成分的多样性

作为一个有机整体，舆论场内在的多元成分是关联在一起无法拆解的——拆解了，它就不再是它了。这正如我们都喜欢爱人身上的优点，却无法把爱人身上的优点与他（她）的缺点和不足拆解开来一样。要么整体接受，要么整体放弃，除此别无他途。只要爱人身上的优点，拒绝爱人身上的缺点和不足是不现实的。同样的道理，绚丽多彩的网络舆情实际上也是一个彼此关联、共生共荣的生态系统。众所周知，一个草原如果只有一种植物，一片森林如果只有一类动物，其必然会走向沉寂和死亡。正如一个生态学者所说：一堆堆牛屎或许在某些人看来是肮脏的和难以容忍的，但它们对于一个草原的生态系统的平衡和可持续发展而言，或许是不可或缺的。

同样的道理，我们在网络空间中追求一种文明的表达形式，但这种追求不能绝对化。目前，没有任何一个国家把禁止说脏话或者禁止骂人列入法律条文，因为它不具备可执行性，而且说脏话也是一种表达权利，虽然我们不提倡、不赞同，但它不应被剥夺，否则我们就将陷入原教旨主义式的圈套。因此，网络秽语的影响力不应被过度拔高。如果脏话可以和假话、偏激的话、断章取义的话统称为"错话"，那么在网络舆论场中禁止脏话的同时，是否也要禁止假话、偏激的话以及断章取义

---

① 〔法〕埃德加·莫兰：《复杂思想：自觉的科学》，陈一壮译，北京大学出版社，2001，第137页。

的话？且不论我们在现实中能否做到这一点，即使做到了，那我们的社会就文明了吗？从历史上看，不允许一句"错话"存在的社会，必然是一个扼杀真理的专制社会。

显然，我们对文明表达的追求和对"错话"的包容并不矛盾。这就好比我们知道过量的三聚氰胺会对人体造成损害，但国家标准里允许牛奶中存在微量的三聚氰胺。在不影响人体健康的前提下，在食品中加入限量的化学添加剂是被允许的。"纯而又纯"、没有任何微量重金属或农药残留的食品在当代生产环境中少之又少，难道我们要拒绝所有这些食品吗？骂人的话、偏激的话和片面的话也是如此，其危害度比食品安全、假冒伪劣等问题低得多。食品尚有一定的安全容错空间，不允许错误存在本身就是一种极大的错误。任何标准都不能理想化，它必须与社会发展程度相契合，必须是合理、可行的。过于理想化的标准会对社会本身造成戕害。任何真理的探索和表达都是在试错过程中完成的，不允许说一句错话，犯一点错误，实际上是扼杀了对真理的探索和表达。因此，从关联性的角度看，我们的网络舆论的治理规制必须顾及和尊重多样性。概言之，在网络舆论场中，对我们不喜欢的"另类"因素的包容，与对真理的追求同等重要。

三 在意见对冲与妥协中"各美其美""和而不同"

作为一个有机的生态系统，网络舆论场还有一个重要的特性，这就是自组织功能。网络舆论场作为一个自组织的复杂性系统，具有自我调节、自我发展，从简单到复杂，从幼稚到成熟的成长特性。这种特性又叫复杂性的动力学特征。网络舆论场的这种自组织特征告诉我们，我们的规制应该为舆情要素的自我发展留出相当大的自由度和活动空间，不要用外在的强力过度限制和干预，不要试图包办社会舆情要素的成长过程，要使个人、集体和社会在自组织机制的作用下有机地成长，从而使舆情表达多姿多彩，在意见对冲与妥协中"各美其美""和而不同"。

具体地说，对于网络舆论场的规制构建与治理逻辑而言，应该确立的一个基本原则是:"恺撒的归恺撒,上帝的归上帝",即舆情规管要有一种边界意识,就像公权力对私生活的干预应该是慎入的和被请求的,所谓"民不举,官不究"。因此,并非要对一切不正确的或者我们认为不正确的舆论现象进行行政干预,动辄得咎是无法形成"知无不言言无不尽""言者无罪闻者足戒"这样一种局面的。

同时,网络舆论场的自组织,还需要一定的表达空间和自主性的激活机制,舆论生成的典型现象一般是以"涌现性"为特征的,所谓涌现性,是指在一个复杂系统的时间序列上的一种功能与价值的突然出现,而通过对这种涌现现象发生机制的回溯可以发现,当初微小的价值碎片甚至某个看似无意义的"垃圾因素",在适宜的进化规则和生态催化之下,成长为一个个令人惊叹不已的奇迹。维基百科(Wikipedia)、优步(Uber)、空中食宿(Airbnb)的成长都体现出涌现性的强大机制。研究表明,涌现现象的发生,对于初始条件的某些微殊极端敏感,对于进化规则的包容性也极端敏感。因此,尊重多样性、了解涌现现象的特殊形成机制,是舆情生态系统供给侧改革的关键所在。

总之,对于一个有机、进化、自组织能力很强的舆论生态的成长而言,尊重规律的规制构建极为重要,其底线是让舆论表达个体都有免于"动辄得咎"的表达自由。

北京国际电影节的定位及发展策略[*]

罗斌 夏培程[**]

摘 要

北京国际电影节虽属初创，但发展迅速，彰显了北京作为国家文化中心的生机与魅力。北京国际电影节已经成为首都乃至国家的一张重要文化名片。

从数据来看，无论是观影人次还是交易规模，北京国际电影节的规模都已经接近国际A类电影节，甚至有赶超之势。但是在权威性、自身特色、品牌影响力、观影体验等方面还亟待提升。

作为电影节主办城市，北京起步晚，没有根基，最大的优势反而是2150万相对高素质的城市人口和背后中国庞大的电影市场。北京国际电影节实际上更适合走大众路线。

电影节部分工作的外包有利有弊，好处是可以集合专业的社会力量很快把电影节做起来，弊端在于组委会对于各单元的掌控力在一定程度上是缺失的，而且缺乏稳定性和延续性，需要固定合作单位、稳定核心骨干。

要想提高"天坛奖"受关注的程度和美誉度，首先应该完善选片

---

[*] 本文为首都师范大学文化研究院短期研究项目"北京国际电影节的发展空间与路径研究"的阶段性成果。

[**] 罗斌，首都师范大学文学院讲师；夏培程，就读于首都师范大学文学院。

规则，不漏掉一部好影片。组委会应该建立一个完整的影片信息数据库，同时，进一步建立和完善境外选片顾问和选片人体系。

创办于2011年的北京国际电影节，由国家新闻出版广电总局和北京市人民政府主办，现已走过六个年头。从第一届"北京国际电影季"，到第二届更名为"北京国际电影节"，再到第三届增加主竞赛单元"天坛奖"评奖活动，北京国际电影节迅速稳定成型。在六年时间内，北京国际电影节依托北京的文化地域优势，迅速成长壮大，在电影交易市场等诸多方面取得了相当不错的成绩，参展影片、放映场次、观影人数、票房市场等方面相较之前有了大幅度增长。

一 北京国际电影节的快速发展

2016年4月16~23日，第六届北京国际电影节成功举办。来自50余个国家和地区的300余家中外电影机构、1.5万名中外嘉宾参加了此届电影节。在第五届北京国际电影节上，组委会首次提出"大师（Master）、大众（Mass）、大市场（Market）"[①]的"3M"定位和办节理念，配以一系列相关单元，以全面提升办节质量。为了扩大群众参与范围，北京国际电影节通过优化排片方式、拓展购票渠道、推行低票价等策略，力争让更广泛的群体参与其中。第六届北京国际电影节的电影展映环节，在全市25家商业影院、学术机构及5家高校展映1000余场次，票房突破1000万元，覆盖北京六个城区及怀柔、大兴等郊区，观影人数达10022万余人次。除了"北京展映"环节，另一大品牌项目"电影嘉年华"活动也让公众有更多接触电影节的机会。

目前中国是全球第二大电影市场、世界第三大电影制片产地，除了围绕电影版权的传统交易需求外，还存在大量围绕电影制片环节的合作需求。针对中国电影产业的发展现状和中国电影市场的现实需求，第三届北京国际电影节首次提出了"电影要素"的概念，第四届又进一

---

① 《北京国际电影节概述》，北京电影节官方网站：http://www.bjiff.com/gydyj/gywm/。

步提出了建设"电影要素交易平台"和"项目创投交易平台"两大平台的规划，这使北京国际电影节在短时间内成为亚洲第一的电影节市场平台。2016年的第六届北京国际电影节，共有49个项目达成合作，同比增长36.1%；签约额总计163.31亿元，同比增长18%。如今，北京国际电影节电影的市场板块已经集中了电影企业、产业基地、行业组织、政府部门等各类相关机构，汇聚了策划、投资、制片、技术、发行、院线、媒体宣传、网络以及制作基地建设、衍生品开发等全产业链，并辐射到金融、出版、广告、法律咨询等多个相关领域，成为带动产业发展的火车头。

二　北京国际电影节的独特优势与不足

北京国际电影节虽属初创，但发展迅速，有其独特背景。

首先，北京聚集了大量的影视制作资源，从人才培养到剧本策划，再到后期拍摄、宣传营销，几乎所有环节的资源都聚集于此。同时，北京还有先进、丰富的影视设施资源。2015年，北京电影票房总收入共31.5亿元，名列全国各大城市之首；平均2.1万人拥有一块银幕，人均银幕居全国第一；北京共生产影片291部，占全国总数的42%；在票房超过10亿元的5部国产影片中，北京占4部。由此可见，无论是从制片机构拥有量、电影人才聚集量、影片生产量、影院规模、银幕数量，还是从票房收入、观众人数、公益放映等方面，北京都是中国电影产业当之无愧的龙头。以北京为代表的中国电影市场的发展为北京国际电影节的举办奠定了良好的基础。

其次，北京国际电影节的快速成长得益于政府的大力支持。从组织架构上看，北京国际电影节是由国家新闻出版广电总局和北京市人民政府主办的国际性文化交流活动，采用的是"国家队"办节的模式，以政府主导聚合全国顶级电影资源。这背后的力量是一般的电影节无法比拟的。因此，虽然办节时间短，但是起步高，国际化水平、专业化程度、品牌影响力和大众参与度连年提升，迅速成为高端化、专业化的国际电影盛会。

北京国际电影节在建设国家文化中心的进程中发挥着越来越重要的作用。2015年8月，经中共中央政治局审议通过，《京津冀协同发展规划纲要》印发实施，规划确定了京津冀区域整体定位和三省市功能定位，其中北京的定位为"全国政治中心、文化中心、国际交往中心、科技创新中心"。[①] 2016年8月，北京市正式发布实施《"十三五"时期加强全国文化中心建设规划》，这是北京首次将加强全国文化中心建设规划列为市级重点专项规划。规划为未来五年北京建设全国文化中心描绘了清晰蓝图，其中就包括北京将成为对外沟通的"排头兵"，这要求北京既有拳头产品走出去，也有大型活动引进来。规划明确指出，北京国际电影节这样的能够发挥重大文化品牌作用的"招牌菜"会获得更多支持。电影节的发展，彰显了北京作为国家文化中心的生机与魅力，北京国际电影节已经成为首都乃至国家的一张重要文化名片。

在长足的进步和国家支持的背后，我们也应该清晰地认识到，北京国际电影节与世界知名电影节之间的差距，以及发展过程中存在的不足。从数据来看，无论是观影人次还是交易规模，北京国际电影节的规模都已经接近国际A类电影节，甚至有赶超之势。但是在权威性、自身特色、品牌影响力、观影体验等方面还亟待提升。

其中的原因是多方面的，既包括历史发展、市场开放度、市民文化等宏观因素，也包括品牌经营、组织架构等微观层面的因素。通过梳理北京国际电影节的发展历史，以及通过与国内外"同行"的比较，不难发现，一个电影节的长足发展所依靠的不是其他因素，而是对自身品牌的清晰定位，以及在此基础上对电影节运作独立化与专业化的尊重。

三 应致力于建设公众型电影节

其一，把展映环节作为重中之重。

一般来说，国际电影节大致包含四个板块：竞赛单元、影片展映、主题论坛和交易市场。北京国际电影节也不例外，第六届北京国际电影

[①]《京津冀协同发展规划纲要》，秦皇岛市国土资源信息中心网站：http://www.hebqhdsgt.gov.cn/gtzyj/front/6048.htm。

节的20个单元均属于上面四大板块，但如此全面的办节要求，很有可能把初创的北京国际电影节带入"贪多求快、量大不精"的窘境。包括北京国际电影节在内的我国的电影节现在普遍存在一种现象，不少人把关注焦点放在办会、明星参与、评奖和市场交易上。虽然这些也很重要，但对于初创的北京国际电影节来说，能够展示什么样的影片以及观众的参与度，才是最迫切的。否则会很容易迷失于大而全的办节理念，忽视对群众观感和整体城市文化的带动。北京国际电影节组织者有必要追问其"国际性"的外延究竟在哪里，如何在与"大"到柏林、戛纳、威尼斯等国际电影节，"小"到釜山、香港等国际电影节的竞争中展开"错位经营"，创造出属于自己的"国际特色"。个性与特色才是脱颖而出的最重要基础。

电影节数以千计，从电影节服务的受众来看，几乎都可以分为两类：一类是行业电影节，另一类是公众电影节。每个电影节都按照这种分类来定位自身，要么是前者，要么是后者，或是试图在二者之间取得一定平衡。最典型的行业电影节是戛纳国际电影节，它几乎完全面向业内人士和媒体，而柏林国际电影节、多伦多国际电影节，则非常注重面向公众，在两种职能上尽可能保持平衡。目前，各大国际电影节努力通过集束式的影像展映活动，不断强化自身独特的美学追求与文化风格。

北京电影节现在要做的，就是首先集中精力做好电影展映，打造公众型电影节，用这种形式带动民众对影视文化的整体认知，并进一步为城市文化的建构与传播贡献力量。对当下的北京国际电影节来说，这可能是更具实效的突围方法。力求在跨国界与本土性、全球化与地域性、产业诉求与艺术性之间寻求平衡，也是北京国际电影节需要进一步思考的问题。

其二，准确定义自身的价值取向。

在确定定位之后，北京国际电影节需要依循周围可借鉴的模式来寻找一种演变与上升的途径。可以先以亚洲其他国际电影节作为参考：东京中规中矩，偏安一隅；香港注重服务本地影迷、创作及城市文化；釜山强调影迷与市场，一边持旅游城市开放姿态，一边打造亚洲影人的盛会。以上这些国际电影节北京都可以参考和学习。如果单从展映片目的分量上看，以上几家基本持平，只不过北影节欠缺声望，需要继续将科学的策展设计保持下去，建立一个完整的形象。以多伦多国际电影节（TIFF）为例，它被视为奥斯卡的造势者之一，从文化生产而非文化现象的角度来看，它已经是处于世界前列的电影文化领导者。其宗旨是"平等""民主""亲民"。这种"中庸"之道，很适合北京国际电影节。同样位于北美的芝加哥电影节由"电影-芝加哥"协会主办，这个全年运营的非营利性文化和教育组织的使命是："通过电影艺术和活动影像，孕育多元文化背景下人与人之间更好的沟通。"[1] 芝加哥国际电影节的成功与芝加哥城市的历史和文化分不开，将电影节与城市文化结合，通过明确城市文化定位和观众组成的定位，找到电影节自身独特的电影趣味和价值取向，这一经验同样值得北京国际电影节借鉴。

其三，深度培育未来受众。

目前中国的电影市场还处于初级阶段。这种市场对于真正的精品接受度其实非常有限。在国外拿到金狮奖、金棕榈奖的影片票房也并不见得很好。国内院线市场最火的是一些比较简单热闹的娱乐片，但凡人文思考上比较深入、美学上比较独特的电影，商业表现大都很一般，这也符合电影市场的一般规律。北京国际电影节的展映环节，反而应该成为这一市场规律的调节者和矫正者，把尽可能丰富的优秀影片带给观众，而不是单纯追求观影人次和票房增长。对于现在的北京国际电影节来说，票房可以说是一项首要指标。但电影节毕竟是一项长期的文化活动，与其从热片、大片、新片上着手，不如关注整体热度的发展可能，与城市文化建立更密切的联系。比如培养本地的受众群体，并延伸出针对学校、社区的特别策划。北京国际电影节可以与重视文化实践的北京高中开展合作，一来普及影视教育，提高观众素养；二来培养未来受众和市场，并通过学校联结家庭，扩大对社会各层面的覆盖范围。以上种种，都是为了强化电影节在城市生活中的存在感，在电影之外与市民建立联系。

---

[1] 李春：《分享"芝加哥经验"——第 48 届芝加哥国际电影节专访》，《当代电影》2013 年第 5 期。

四 让专业的组织团队持续发挥力量

其一，固定合作单位。

北京国际电影节的直接主办单位是北京广电总局下属影视文化促进中心，一个编制20人左右的事业单位。由于其本身人力和专业度的有限性，没有办法完成所有板块的工作，因此很多工作委托给外部机构和公司。以第六届电影节为例，电影市场与艺恩网合作，"天坛奖"颁奖典礼与北京电视台合作，展映与中国电影资料馆合作。世界上其他电影节也有类似的情况，比如有长期外包的活动和公关公司等。外包有利有弊，好处是可以集合专业的社会力量很快把电影节做起来，弊端在于组委会对于各单元的掌控在一定程度上是缺失的，而且缺乏稳定性和延续性。因此，即使是合作，也一定要固定合作单位，让组织架构清晰稳定。

其二，稳定核心骨干。

以展映环节为例，前几届均由组委会主导选片，没有引入专业的选片机构保证展映影片的质量。从第五届北京国际电影节开始，参与展映的电影质量和板块规划相比往年有了明显的提升，这主要得益于邀请了中国电影资料馆这样的专业机构负责策展。但是相比于庞大的观影人群和市场需求，资料馆还是显得有些势单力薄。一年一度的电影展映是阶段性工作，策展、邀片等工作都不是全年进行，因此在没有专门人员配备的情况下，会有临时人员参与其中。这样的临时团队虽然学习能力和执行力都较强，但是每年都会换人，培养成本高，人员不稳定，很难与国外影视机构维持长久关系。除前期的策划外，在引进电影后还有通关、翻译字幕等工作。从2016年的情况来看，很多展映影片字幕没有上幕，而是单独使用字幕播放器配合。有时便会出现和画面不匹配或字幕出错的情况，观影效果较差。这样的问题看似不大，但也能反映背后人力、物力、准备以及系统支持的不足。如果能够稳定团队，尤其是负责邀片建立联系的核心团队长期从事这一项工作，情况应会有所改善。相比之下，并不起眼的西宁First青年电影节是一个扶植青年导演处女作的电影节，到 2016 年已经举办 10 届，虽然规模和规格远不及北京、上海两个国际电影节，但是因为其稳定专业的主创团队、公司化的运营和日臻完善的志愿者制度，每年质量都稳定上升，在业界美誉度也极高。

五 提升"天坛奖"含金量

其一，不攀比 A 类电影节的身份。

衡量一个电影节是否具有国际公信力，很重要的是看其能否通过选片、评奖的操作，吸纳该年度世界各国具有代表性的优秀电影汇聚一堂；同时，还取决于所组成的评委会是否真正体现了国际权威性，从而对参赛影片做出公平而富于艺术建树的褒奖。北京国际电影节主竞赛单元"天坛奖"评奖开端于第三届电影节，包括影片报名、入围提名、评奖、颁奖四个环节。天坛奖设置了 10 个奖项，"包括最佳影片奖、最佳导演奖、最佳男主角奖、最佳女主角奖、最佳男配角奖、最佳女配角奖、最佳编剧奖、最佳摄影奖、最佳音乐奖、最佳视觉效果奖"。[①]

一些媒体批评北京电影节天坛奖影片质量不尽如人意，世界、亚洲首映的影片比例偏低。原因是国际制片人协会规定，任何国家的任何一部影片只有一次参评 A 类电影节奖项的机会。这就意味着把自己类比为 A 类国际电影节的北京国际电影节必须与历史悠久的柏林、戛纳、威尼斯三大世界级电影节，以及同在中国的上海国际电影节争夺优秀片源，这就造成了很大的被动。因此，为了获得更多好片源，北京国际电影节并不必攀比 A 类电影节身份。

其二，完善选片制度。

除此之外，北京国际电影节目前的选片工作基本处于"守株待兔"的状态，通常只等待世界各地的电影人自己把作品送上门来，甚至由于具体办事部门繁杂，一些电影人不知道将想要参赛的影片送给北影节的哪个机构。这样一来，电影节对参评影片的质量难以掌握主动权。由

[①] 苏星：《第三届北京国际电影节增设主竞赛单元评选"天坛奖"》，《大众电影》2013 年第 4 期。

于符合国情的电影分级制度仍然没有出台,以及文化和意识形态等因素,一部分具有较高艺术水准的影片最终也无法进入评奖范围。要想提高"天坛奖"受关注的程度和美誉度,首先应该健全的是北京国际电影节"天坛奖"的选片规则,在确保入选影片没有政治、宗教等问题的前提下,不漏掉一部好影片。组委会应该建立一个完整的影片信息数据库,由专职人员负责搜集国内外报纸、杂志和互联网上的最新影片动态信息,并将之输入数据库,供选片用。该信息库还应该包括世界著名电影导演、演员、制片人等档案信息。

其三,建立人脉网络。

同时,进一步建立和完善境外选片顾问和选片人体系。设立境外选片人是各个国际电影节的通行做法,这是一个扩大征集影片范围,准确把握当今世界电影制作动态的有效方法。除世界上比较强势的欧洲各大电影节以外,还应该进一步把范围有目的地扩大,在一些重要地区和重要电影生产国设立选片顾问。比如,每年报名参加戛纳和柏林电影节的影片各有 3000 多部,相加将近 7000 部,经过层层筛选,大约各有 40 部影片作为各自的参赛候选影片,最终各自选定 21 部作为正式参赛影片。虽说这些被淘汰的影片没有进入正式竞赛单元,但不排除其中有一些是精品佳作,若北京国际电影节与这两个电影节保持信息上的沟通,甚至聘请他们的官方选片人为选片顾问,或许可以争取到其中一些影片报名参加北京国际电影节。当然,还可以"有针对性地出访选片,对于参赛影片的征集,更应该派专人到全世界一些主要电影制片国去挑选影片,去这些国家的电影学院、电影制作公司、与独立制片人建立起良好的业务关系"。[①] 提高"天坛奖"含金量是一个长期的过程,不可能一蹴而就,它考验的是北京国际电影节是否有决心长期坚持下去,以获得在国际影坛的一席之地。

电影是一个国家或地区文化软实力的重要组成部分,而电影节作为一种平台式的存在,是一个融电影创作、交流、交易为一体的综合性电影节庆。国际上许多电影节都在通过自身的影响力让更多的人参与

---

① 刘成杰:《创新与发展——上海国际电影节模式研究》,上海师范大学硕士学位论文,2008,第 24 页。

到这一虚拟文化空间之中。尽管北京国际电影节正处于发展的初级阶段,受制于客观条件、具体任务,但也应该明确其在中国文化对内发展与对外宣传中的重要意义,探索自身作为大型文化活动的定位与属性,并以此为建设的原则与方向。唯有如此,才能让北京国际电影节在尊重艺术和市场规律的道路上越走越远。

北京惠民文化消费政策的效果评估与提升建议[*]

蒋璐 陈书毅 何建宇 杨景兵[**]

摘 要

"惠民文化消费季"和"文化惠民卡"是由北京市文资办牵头策划的、旨在培育文化消费市场的品牌项目。

相对于前两届消费季，2015届消费季的拉动消费成效更明显，品牌活动更富创意，资源整合更广泛，互联网应用更纯熟。

文惠卡致力于文化惠民，为企业与用户搭建免费推广平台，商户对文惠卡的效能普遍肯定。同时也要看到，文惠卡尚处于品牌打造初期阶段。

作为一项创新尝试，北京惠民文化政策还存在一些问题，可以加强价值引领功能，增加惠民文化消费政策的公益性，找准文惠卡平台定位，由"消费季"向日常消费延伸，充分利用政府宣传平台。

党的十八大提出要牢牢把握扩大内需这一战略基点，加快建立扩大消费需求长效机制，释放居民消费潜力。近年来，北京市将拓展文化消费作为一项重要战略，出台了一系列指导政策。北京市委十届十次、

---

[*] 本报告为首都师范大学文化研究院"北京市文惠卡研究"的阶段性成果。
[**] 蒋璐，首都师范大学文化研究院助理研究员；陈书毅，北京市顺义区委宣传部工作人员；何建宇，清华大学马克思主义学院副教授；杨景兵，首都师范大学文化研究院助理研究员。

十一届二次全会提出，要大力发展文化、娱乐等服务型消费，培育提升文化消费业态；积极开拓大众文化消费市场，创造和提供适销对路的文化产品和服务，健全文化产品营销服务渠道，满足群众多层次、多样化的消费需求。2012年北京市国有文化资产监督管理办公室（简称市文资办）成立，该部门的职责之一就是"开拓大众文化消费市场、健全文化产品营销服务渠道"，充分挖掘北京市文化消费市场的潜力，培育新的消费增长点。

"惠民文化消费季"和"文化惠民卡"就是由市文资办牵头策划的、旨在培育文化消费市场的品牌项目。2013年，为期两个月的首届惠民文化消费季，累计消费人次达2654.3万，直接消费金额达52.3亿元。2014年第二届惠民文化消费季，累计消费人次3772.5万，消费金额101.8亿元。2013年在首届北京惠民文化消费季活动期间，北京文化惠民卡项目正式启动，截至2015年7月26日，文惠卡申领发放192.4万张，加盟商户达1947家，产生交易66.1万笔，交易金额9.1亿余元，累计为消费者节省超过1.2亿元。

2014年12月31日北京市政府发布《北京市人民政府关于促进文化消费的意见》，在这一背景下，认真总结惠民文化消费项目的经验，对实现意见中提出的2020年"文化消费年均增速保持在10%以上，文化消费对全市经济增长的贡献率达到8%以上"有重要意义。为此，本课题组全程跟踪调研2015年第三届惠民文化消费季，并对70多家文惠卡合作商户进行问卷调查，并针对惠民文化消费政策提出理论思考和政策建议。

一 富有创意的第三届北京惠民文化消费季

2015年是北京惠民文化消费季举办的第三年。8月至11月期间，市文资办、市文化局、市新闻出版广电局、市文物局、市旅游委、市发展改革委等17个委办局和16区县政府联合主办了第三届北京惠民文化消费季。此届北京惠民文化消费季包括十大专项活动、十大展销板块（见表1、表2）。除此之外，十六区县还举办了专题活动。

表 1　第三届北京惠民文化消费季十大专项活动

活动名称	活动地点
第三届北京惠民文化消费季启动仪式暨2015文化创意产业（北京）研讨会	北京文化创意产业展示中心
2015网上惠民文化消费季	京东商城、当当网、大麦网、遨游网、爱奇艺等网站
2015北京惠民文化消费阅读季	朝阳规划艺术馆、三联书店、西单图书大厦、王府井新华书店等
2015北京惠民文化消费演出季	国家大剧院、中国木偶剧院、中国儿童中心剧院等
2015北京惠民文化消费电影季	华谊兄弟影院、新影联、保利国际影院、金逸影城等
2015北京惠民文物艺术品消费季	首都图书馆、国粹苑艺术品交易中心等
2015北京国际商务及会奖旅游展览会	国际会议中心
2015五棵松体育文化消费季	五棵松万事达中心、HI-PARK篮球公园
穿阅中塔·3D中国行2015虚拟现实体验展	中塔文化广场
2015慕尼黑啤酒节——北京之旅	奥林匹克公园观光塔西侧

表 2　第三届北京惠民文化消费季十大展销板块

板块	板块
2015北京国际旅游商品博览会	2015北京文化数码产业博览会
2015金秋艺术月系列展会	2015动漫游戏嘉年华
2015北京国际装饰创意设计产业博览会	2015工艺美术和非遗嘉年华
2015中国电子商务博览会	2015原创设计嘉年华
2015中国民族精品博览会	2015年中国（北京）国际文创产品交易会

北京惠民文化消费季的举办时间从首届一个半月、第二届两个月，第三届延长到三个月。比较前两届消费季，第三届消费季在以下几方面有所突破。

（一）拉动消费成效更明显

据市文资办统计，截至 11 月 10 日，第三届惠民文化消费季累计消费人次 4857.41 万，消费金额 112.1 亿元。与第二届消费季相比，消费人次增加 1084.92 万，增长 28.8%，消费金额增加 10.3 亿元，增长 10.1%。这意味着第三届北京惠民文化消费季通过进一步挖掘和盘活文化消费资源、加大文化消费新供给、拓展文化消费新空间，有效提升了首都居民文化消费意识和北京文化市场消费活力，实现了经济效益和社会效益双丰收（见图 1）。[①]

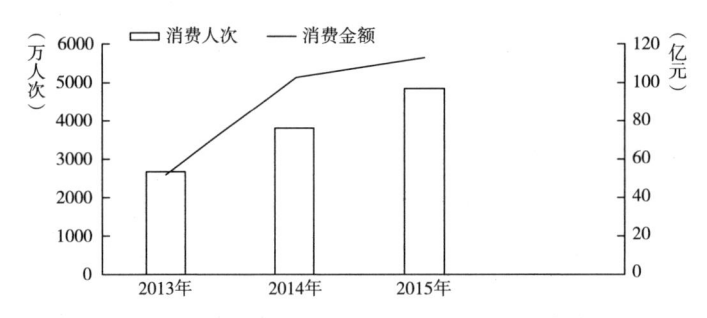

图 1　2013~2015 年北京惠民文化消费季消费统计

（二）品牌活动更富创意

2015 年 8 月 8 日，消费季推出"惠民文化消费主题日活动"，依托移动互联网平台和网络社交工具，联合 8 家互联网电商平台、18 大知名商业品牌 300 家门店、全市 500 个邮政报刊亭等，集中开展"线上送优惠、线下领红包"的文化大促销活动。消费季发放各类优惠券 490 余万张，优惠价值总额近千万元，掀起 8 月 8 日当天的文化消费高潮，使消费季活动广为人知。

（三）资源整合更广泛

本届惠民文化消费季在演出季活动中，最大限度地整合了北京演

[①]《第三届惠民文化季消费额达 112.1 亿》，《新京报》2015 年 12 月 30 日。

艺、演出市场的剧目资源。加上东城区、海淀区、房山区、大兴区等开展的惠民演出活动，共有包括开心麻花、中国杂技团、梅兰芳大剧院、国家大剧院等在内的80余家演艺团体、演出剧场，向消费者提供了1700多场优惠折扣观演活动，部分剧院票价低至2折。电影季活动向消费者发放40万张观影优惠券，在保利国际影城、华谊兄弟影院、金逸影城等20余家电影门店可享受折扣票价观影。消费季还搭建了各种平台让京津冀企业广泛参与。

（四）互联网应用更纯熟

整个惠民文化季期间，网上消费金额55.67亿元，占消费总额的49.7%。网上惠民文化消费季参与企业创历届新高，京东、当当等19家电商平台参与，网上消费人次达到4145.2万。同时，还举办了电子商务博览会等以电商平台为依托的文化产品展览展示、拍卖活动。惠民文化消费季和文惠卡的网站、App、微信公众号多个网络平台同时跟进，经过不断改版和完善，实现了信息推送、优惠券领取、消费链接的一站式在线文化服务，让市民文化消费更方便、更快捷。

二 北京文化惠民卡的运行与反馈

（一）文惠卡致力于文化惠民

2013年9月，北京市文资办借首届北京惠民文化消费季之势，发行北京文惠卡，推出"一卡在手、打折优惠、积分有礼"的优惠活动，是北京市惠民文化政策的一项长效性、重量级举措。

北京文化惠民卡项目，是根据北京市文化消费特点与需求而开发的创新服务产品，是一项公益性和商业性相结合的项目，着眼于"培养文化消费理念、引领文化消费意愿、激励文化消费行为"，立足"政府激励引导、专业机构运作、资源整合利用、供需有效对接"，以期通过打造一个综合性的文化产品和服务交易平台，融合惠民、惠企两大功能，在丰富北京市民精神文化生活的同时，实现培育文化消费理念、引领文化消费意愿、激励文化消费行为、培育首都经济新的增长点、打造北京市文化消费亮点和品牌的目标。

文惠卡合作商户涵盖剧院、博物馆、图书馆、教育培训机构、书店、电影院、电商、广告会展、艺术品交易、公园景点、娱乐健身、文化旅游、文化艺术、文化娱乐、运动场馆等诸多类型。[①] 文惠卡将消费者与文化企业连接起来，多方受益，推动了文化产业发展繁荣，是北京市政府在谋求促进文化消费以及文化产业发展长效机制方面的创新尝试。北京文惠卡重点商户见表3。

表3 北京文惠卡重点商户

重点商户	重点商户
国家大剧院	中国儿童艺术剧院
北京人民艺术剧院	梅兰芳大剧院
民族文化宫大剧院	开心麻花
中国木偶剧院	宽和相声茶园
中国杂技团	杰睿学校
北京音乐厅	龙文教育
中国儿童中心剧院	东方金子塔儿童潜能培训学校
北京发行集团	新影联·华谊兄弟影院
北京三联韬奋书店	保利国际影城
字里行间书店	北京金逸影城
大麦网	万达国际影城
中演票务通	新华国际影城
网票网	北京天文馆
北京古玩城	国粹苑
北京工艺美术博物馆	

---

① 《2015北京文化消费指南》编委会编《2015北京文化消费指南——北京文惠卡全攻略》，北京出版社，2015。

（二）文惠卡为企业与用户搭建免费推广平台

1. 政府发起，第三方运营

文惠卡由北京市文资办发起，经过公开招投标，委托第三方公司负责运营。运营包括平台搭建、软件开发、系统运营与维护、市场推广、媒体传播等一系列工作。运营期间，第三方公司按照计划发卡、邀请商户加盟，并与互联网公司合作，开发移动终端。据统计，政府前期投入3000余万元，完成了企业与消费者沟通平台的搭建。

2. 企业免费加盟，联合营销

文惠卡项目的推行对于加盟企业来说是一举多得。实际上文惠卡项目的灵感就来自一些企业代表的提议和做法。文惠卡项目"惠企"的意义就在于企业加盟文惠卡是完全免费的，无论是项目终端布设、耗材配送，还是业务培训、运营维护，商户都无须承担任何费用。有意加盟的商户，只要提供营业执照的复印件即可。所以，文惠卡项目一落地就得到众多企业的积极响应。

首先，企业加盟文惠卡有利于打破市场界限和行业垄断，统一在文惠卡这一平台上实现整合营销，合作共赢。其次，企业与消费者之间建立了稳定、便利、统一的文化消费服务和销售推介平台，从而有利于锁定客户群。而文惠卡通过"优惠+积分"的方式刺激并带动消费者循环消费，从而促进商户的销售额增长。再次，文惠卡本身是一个政府支撑的宣传推广平台，其营销活动、信息服务可以增加商户人气，为企业带来良好的宣传效果。

另外，北京市政府还对加盟商户进行重点扶持，按照商户的有效销售额、销售增幅、服务满意度给予现金奖励，并推荐优质商户申报《北京市文化创新发展专项资金》。以北京木偶剧院为例，2013年木偶剧院观众不足100万人次，票房收入3000余万元，加盟文惠卡后，木偶剧院提供了6折的优惠力度，票价的下降带来了观众人数和"回头客"的大幅提升，2014年观众达到123.8万人次，票房收入突破4500万元。

3. 公众免费申领，丰富文化生活

文惠卡为北京的公众打开了一扇通往文化消费圣殿的大门，让他们在繁忙的工作之余能够有更好的机会享受精神文化大餐。公众申领文惠卡也是完全免费的，首批文惠卡通过网站、手机客户端、微信在线申领，还在社区、校园、建筑工地等进行现场办理，多形式、多渠道发放。凡是北京地区的消费者，只需要提供消费者姓名、身份证号码和手机号码，就可以免费获得。

对于消费者来说，首先文惠卡是一种实名制的文化消费积分权益卡。北京地区的消费者持"文惠卡"到签约商户进行文化消费，不仅可以在消费的同时享受优惠折扣，而且可以获得积分奖励、积分抽奖等多项优惠。其次文惠卡为他们提供了更加便捷的消费体验。文惠卡涵盖影剧院、书店、图书馆、博物馆、文化景点、教育培训机构、电子商务平台等各类文化消费场所，消费者真正能够实现"一卡在手，千家畅游"。最后文惠卡项目还定期向消费者推送实时的各种消费和文化资讯，消费者能够通过电脑、手机等终端设备实时查看文化消费信息。这有利于消费者随时获取信息，极大方便和激励了大众随时随地进行文化消费。

4. 随时反馈数据，便于行业监测

对文化市场消费结构的掌握是规范、推动文化消费的重要依据。文惠卡在刷卡过程中，真实、准确、及时地反馈有效消费数据，为北京文化消费数据库建设提供了有利条件。通过建立文惠卡系统平台，对文化消费数据进行实时收集和统计处理，可以为政府的产业管理与政策制定提供决策支撑依据，便于对整个文化行业、文化消费市场的发展趋势进行宏观把握。

（三）商户对文惠卡的效能普遍肯定

为深入了解文惠卡现状，第三届惠民文化季期间，课题组向70家文惠卡合作商户发放了调查问卷。商户涉及电影院、书店、图书馆、教育培训机构、文化旅游景点、娱乐健身场所、文化艺术中心、剧院等多个类型（见图2）。

这些商户的顾客需求量普遍较高。仅有4.29%的商户认为"顾客很多，资源满负荷运转"，有75.71%的商户认为"有一定顾客量，但

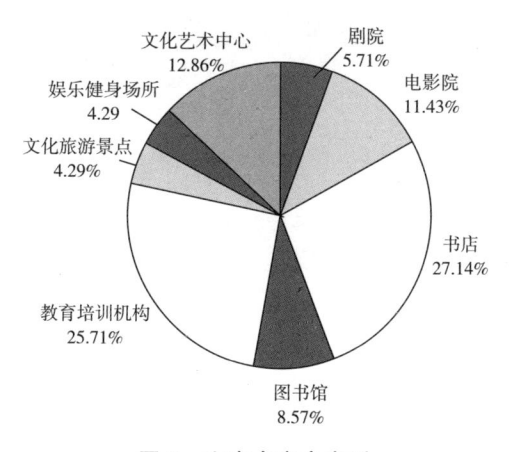

北京惠民文化消费政策的效果评估与提升建议

图 2　文惠卡商户类型

（文化艺术中心 12.86%；剧院 5.71%；电影院 11.43%；书店 27.14%；图书馆 8.57%；教育培训机构 25.71%；文化旅游景点 4.29%；娱乐健身场所 4.29%）

还需要扩大"，剩余的 20% 则处于"顾客太少，资源闲置"状态。可见，鼓励文化消费，增强文化市场活跃度，符合文化企业的迫切需要（见图 3）。

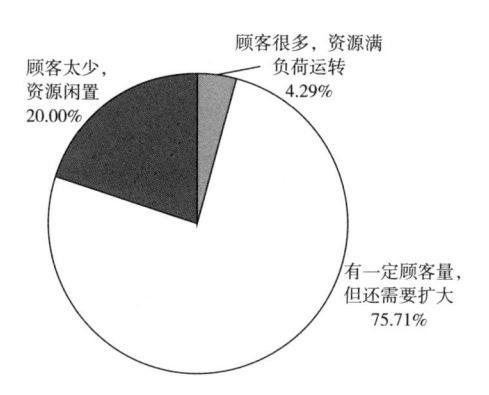

图 3　文惠卡商户的顾客量

（顾客很多，资源满负荷运转 4.29%；顾客太少，资源闲置 20.00%；有一定顾客量，但还需要扩大 75.71%）

商户对文惠卡的效果基本肯定。有 8.57% 的商户认为文惠卡带来顾客量的显著提升，90% 的认为有一定提升，认为完全没有提升的仅有 1.43%（见图 4）。商户对整个文惠卡项目的评价也较为正面，有 17.14% 的商户认为文惠卡"完全符合商户需要，非常成功"，82.86% 的认为"基本符合商户需要，有待改进"（见图 5）。

就文惠卡给商户带来的收益而言，商户最看重的是通过政府宣传提升知名度，回答"非常看重的"占 70% 以上，其次是"获得政府表

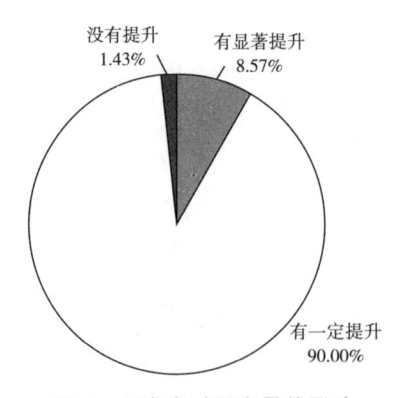

没有提升 1.43%
有显著提升 8.57%
有一定提升 90.00%

图 4　文惠卡对顾客量的影响

基本符合商户需要，有待改进 82.86%
完全符合商户需要，非常成功 17.14%

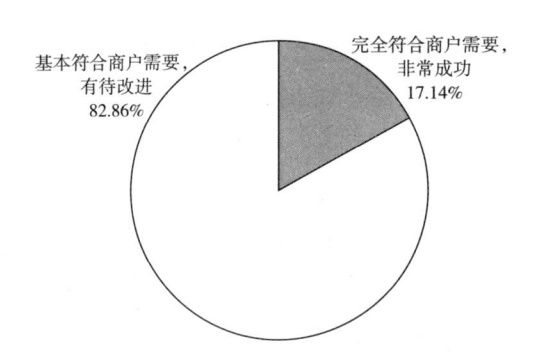

图 5　对文惠卡项目的评价

彰""获取政策信息和资源"。而对于"促销获得利润"，非常看重的商家不足40%（见图6）。可见，相对于经济利益，文惠卡商户更看重政府的宣传平台和政策资源。商户访谈也印证了这一结论，有商户表示，通过文惠卡打折带来的利润空间很有限，但公司因此获得在主流媒体的展示机会，对未来吸引顾客仍然大有益处。在商户看来，年终政府奖金评选更意味着一种荣誉，而不仅仅是金钱上的奖励，商户都乐于成为"优秀商户"，受到政府、媒体和公众的关注。

（四）文惠卡尚处于品牌打造初期阶段

作为一项实施时间较短的创新举措，目前文惠卡项目也存在一些阶段性问题。比如部分加盟商户给予的折扣优惠力度不高（见图7），

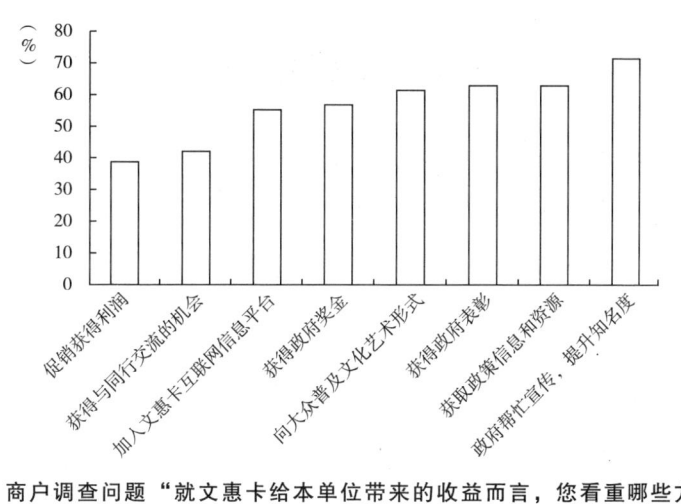

图6 商户调查问题"就文惠卡给本单位带来的收益而言,您看重哪些方面"

像娱乐健身、电影院、文化旅游等行业,与本身的折扣以及团购的补贴相比,文惠卡没有明显优势。签约门店覆盖范围不均匀,部分区县推广力度不大。文惠卡发放不够精准,使用效率偏低。一些中小加盟商户的交易量少,部分商户配合较差。产生这些问题的原因在于,文惠卡的品牌打造需经历生存期、发展期、品牌期和维护期等不同阶段,在品牌打造初期,社会认可度相对较低,难以给加盟商户带来流量的显著增加,导致部分商户信心不足。同时,文惠卡在把握市场脉搏上精准度不够,许多细节需要在运行过程中逐步完善,进一步增强与市场的匹配度,更好地赢得消费者信赖,提高文惠卡的实际使用效率。

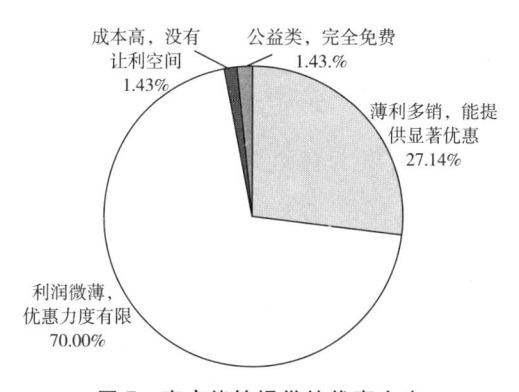

图7 商户能够提供的优惠力度

三　北京完善惠民文化消费政策的几点建议

我国文化产业还处在转型起步期,居民的文化消费意识和消费习惯还在形成中,文化消费在居民消费支出中所占的比重还很低。政府作为公共利益的代表者,不仅可以更积极地发挥在文化产业的规划、引导和培育功能,同时还可以从消费侧入手,通过建立和疏通中介渠道和信息平台等手段,主动引导居民建立健康、理性、主动的文化消费习惯,为文化产业发展与升级提供持续拉动力。

作为北京市政府促进文化消费的一项主动措施,惠民文化消费季和文惠卡的成功推广实施,证明了政府在通过促进文化消费、带动文化产业发展方面完全可以有所作为。但是,作为一项创新尝试,北京惠民文化政策也存在一些问题。结合惠民文化消费季和文惠卡的推广经验,课题组认为可从以下几个方面进一步完善惠民文化消费政策。

(一) 加强价值引领功能

文化具有对生活赋予意义的功能,对于价值观引导传播具有关键意义。这使得文化产业具有与一般工业产业和服务产业不同的特点。政府作为公共利益的代表者,在对待发展文化产业、促进文化消费的态度上,不能简单地将文化消费等同于一般物质消费,也不能简单地将文化消费和文化产业约化为经济性指标。促进文化消费首先应该明确需要传播和引导什么样的文化消费观念。在我国,是否符合社会主义核心价值观应该是引导建立文化消费观念、推动文化产业快速发展的首要标准。

惠民文化消费季和文惠卡在利用经济激励手段促进文化消费意识提高和行为建立、促进文化产业发展方面取得了较好效果,同时在挖掘一些优秀文化资源上也产生了明显效益。比如中国木偶剧院借助文惠卡的推广带动了一批优秀儿童剧目的扩散传播、"宽和相声"利用文惠卡平台推广传统曲艺也取得了良好效果。事实上,越是这种利润低、观众少的文化产品,越需要政府帮助宣传和推广。

政府如何平衡好产业培育者与价值引领者的角色，如何通过消费者行为分析和引导，选择具有价值引领性的、公益性的文化产业，通过市场手段与财政支持相结合的手段予以重点支持，都是惠民文化消费政策需要继续探索的问题。在文化信息传播、财政支持等方面，应加强对符合社会主义核心价值和主流文化的文化消费的引导和支持力度，推动优秀传统文化的传承和繁荣。

（二）增加惠民文化消费政策的公益性

根据公开报道数据，文惠卡平均单笔消费额超过1300元，相较于北京市人均居民消费支出中每年3000多元的教育文化娱乐服务支出，这是一项非常高的消费额。如果数据准确，表明文惠卡持卡人更集中于高端文化消费，公益性体现不足。

从目前的数据来看，惠民文化消费季和文惠卡对于如何让作为高消费的文化服务和文化产品走入平常百姓家，从而尽可能多地增加最广大居民日常消费中文化消费的比重，所产生的作用并不明显。可以在扩大宣传和发卡覆盖面的基础上，逐步增强文惠卡的身份认证功能，并与社会保障等部门合作，通过共享用户数据，改善并创新对中低收入群体的文化惠民补贴方式。

（三）找准文惠卡平台定位

就文惠卡来说，作为一个由政府主导开发的创新服务产品，其定位是一个公益性和商业性相结合的项目。然而，作为一个消费卡，它扮演了市场中介的角色。从形式上看，文惠卡与携程网、大众点评网、大麦网、中票网等市场主体提供的中介服务，以及博物馆通票、公园年票等具有公益性的中介服务之间具有高度的相似性。而且，从经济实惠性上比较，文惠卡在一些项目上所带来的优惠并不具有优势。在消费季结束后，网站、公众微信号等更新不及时，信息服务的丰富性、持续性和对持卡人的黏性与商业网站相比也存在很大差距。

文惠卡平台具有市场所不能替代的作用，有助于政府发挥价值引领、行业引导与监管的角色，这方面的作用应该积极开发。但随着文惠卡覆盖商户的逐渐增多，文惠卡是否有可能直接成为市场中介者，与其他平台竞争，甚至垄断某些资源，是值得思考的问题。

（四）由"消费季"向日常消费延伸

从目前来看，惠民文化消费政策仍围绕"惠民文化消费季"这个核心项目进行，短时效应明显，然而消费季结束后，不能形成长期效应，日常文化消费的潜力仍然没有挖掘出来。文惠卡作为惠民文化消费政策的另一个抓手，虽然着眼于拉动日常消费，但相关数据表明，文惠卡在"惠民文化消费季"期间形成显著消费高峰，消费季结束后却难以维持这一良好表现。

消费季活动时间有限，如何维持消费季的成果，将其延伸到日常消费中，实现文化消费增长常态化，是接下来需要考虑的问题。通过总结消费季、文惠卡的有效经验，惠民文化政策应有所扩展，进一步总结文化消费的规律，把握市民消费习惯，有计划地推出一系列促进日常文化消费的特色项目。例如，针对不同群体特点的文化消费，针对公众节假日、学生寒暑假的文化消费，由商户轮流在全年各时段推出特色优惠等。实现文化消费的连续性增长，而不是仅在消费季一个时间段突击式增长。

（五）充分利用政府宣传平台

惠民文化消费政策的理念是政府搭台、群众实惠、企业受益。该理念以各主体的经济收益为出发点，政府以少量资本撬动社会资金，群众参与可以享受优惠文化产品，企业参与可以增加收入。然而，通过实地调研，我们发现，企业最看中的并非薄利多销，而是政府宣传平台的公信力、影响力，而消费者重视的则是政府平台产品的信誉度。言外之意，政府发挥的最重要作用不是补贴多少资金、奖励多少钱，而是通过政府的宣传渠道，把真正的好产品推介给消费者。如此，买卖双方自然会建立起供求关系，形成文化消费市场的良性互动。

目前，文化消费市场的问题，就在于文化企业与消费者之间缺乏信息沟通，无论是营销环节还是消费习惯环节，主体都无法产生主动性。政府应充分利用宣传平台，如报纸、电视台、网络平台等推荐商户，甚至可以多设立优秀商户的荣誉奖项而不用奖金，将二者沟通过程中缺失的链条连接起来。这样做不但能够解决文化消费市场的根本问题，还能节省政府财政支出，以政府无形资产代替有形资产。

制定人工智能发展规划
有利于北京建设科技创新中心

张　翔　宋一之[*]

摘　要

  人工智能的成功创造，可以说是人类文明史上最伟大的事件之一。如果说"互联网+"是目前最具影响力的理念之一，不用多久，"人工智能+"的影响力将大幅超过"互联网+"。能否在人工智能领域取得领先地位，已经成为当前国家竞争与跨国企业竞争的一个重大议题。北京应当发挥全国科技创新中心的领导作用，在制定人工智能发展规划方面率先探索，为全国性规划的制定提供必要的基础。

  北京市现有的综合性和宏观性规划，虽然已经强调了人工智能发展的两大基础技术领域，但还不够明确和有力。在《北京市"十三五"时期加强全国科技创新中心建设规划》的框架下，特别制定人工智能发展的专门规划，将有助于北京市在这一改变人类世界的高科技领域抢占先机。

  人工智能的发展对人类生活与社会结构会产生前所未有的全面影响，这决定了人工智能发展不只是单纯的产业发展，而内在包含了从产业到经济社会的多层面内容。因此人工智能规划应当是系统性的，包括产业政策、产业监督政策与社会政策。

---

  [*] 张翔，首都师范大学文化研究院副研究员，牛津大学 EU Marie Curie Fellow 访问学者；宋一之，牛津大学工程科学系博士后。

需要为社会舆论对人工智能产业的监督提供应有的自由开放的空间。有必要鼓励多元的资本参与，以避免出现寡头公司垄断人工智能领域的局面。

近年来，在互联网技术长足发展的基础上，人工智能（Artificial Intelligence，简称 AI）研究取得了历史性的突破，呈现出日新月异的局面。大数据、深度学习、超级计算机等相互关联的诸多方面互相推动，协同发展，正在引发产业界、经济界乃至全球性的变革。如英国著名科学家霍金指出，人工智能的成功创造，可以说是人类文明史上最伟大的事件之一。

试图在全球竞争中有所作为的国家、区域或城市，面对人工智能的进步、重要性与前景，恐怕很难无动于衷。一个国家、一个区域是否需要针对人工智能领域制定专门的促进与统筹规划，成为一个亟须引起关注的问题。本文结合北京市已有的新兴科技产业规划，认为北京应当发挥全国科技创新中心的领导作用，在制定人工智能发展规划方面率先探索，为全国性规划的制定提供必要的基础。

一 美国《人工智能研发国家战略计划》与舆论的质疑

2016 年 10 月 12 日，美国白宫发布了 48 页的《人工智能指导性研究报告》（Preparing for the Future of Artificial Intelligence）及 40 页的《人工智能研发国家战略计划》（National Artificial Intelligence Research and Development Strategic Plan）。前一报告分析了人工智能的发展现状，包括已有的和将有的各种应用，及其对公共政策带来的问题。该报告的评估是，人工智能在某些领域某些应用方面已经超越了人类，已经打开了一个新的市场，为健康、教育、能源、环境等领域提供了解决世界上棘手问题的新机会。不过，机器人的智能全面超越人类在 20 年内还不太现实。

后一计划提出了七大战略。其一，长期的项目研究投资；其二，发展有效的人类与人工智能协作方法；其三，理解并解决人工智能带来的伦理、法律和社会潜在问题；其四，确保人工智能系统安全可靠；其五，在人工智能培训和测试方面开发共享的公共数据和环境；其六，采用标准标杆测量和评估人工智能技术；其七，更好地理解国家人工智能研发的人力需求。这七大战略主要可分为两个方向：一是促进人工智能的发展；二是应对人工智能发展给人类社会及社会治理带来的全方位挑战，包括失业率攀升的社会问题，以及人工智能超出人类控制的可能性。

在这两份文件公布的同时，美国前总统奥巴马与一位专家共同接受了《连线》杂志的专访。奥巴马认为，目前人工智能发展还处在初期阶段，这一阶段政府应当较少监管，更多地投资于科研，确保基础研究和应用研究之间的转化。随着技术的兴起和成熟，则要考虑如何将其纳入现有监管框架中，但这是后一阶段的事情。

奥巴马为政府向人工智能领域的投入做了辩护。他认为，目前美国政府每年对人工智能领域的投入尚未超过 10 亿美元，如果希望这些突破性技术代表多元化群体的价值，而不只是体现大公司的诉求，那么政府投资必须成为其中的一部分。

不过，有批评者认为，美国政府这一人工智能战略计划做得远远不够，著名网络媒体《赫芬顿邮报》的记者 Dennis 认为，美国政府的人工智能规划没有解决巨头垄断的问题，为未来埋下了风险。特斯拉汽车公司及 SpaceX 的首席执行官伊隆·马斯克（Elon Musk）在 2014 年的一次演讲中指出，世界上对人类存亡的最大威胁可能不是核战争或气候变化，而是一个不合理的智能机器人的出现，那就好比"召唤出来恶魔"。他认为，要防止人工智能被错误使用，最好的办法就是用它武装更多的人，让越来越多的人拥有人工智能，这样任何个人或者少数派就都不会有独霸人工智能的强大威力。他建立了 Open AI，希望以此推动 AI 技术的民主化。

马斯克是美国人工智能领域的领袖级人物，他的这一看法比美国政府两年后的规划更明确地强调了避免人工智能领域出现垄断的重要性，为政府介入这一领域的合理性与必要性提供了重要的论证。

美国政府的《人工智能研发国家战略计划》及其所引起的讨论，

为我国制定人工智能发展规划提供了重要的借鉴。

二 制定专门的人工智能规划的必要性

北京市加强科技创新，不仅是北京自身的定位和追求，也是国家层面的战略安排。在对北京市的国家战略定位中，"全国科技创新中心"具有很强的前瞻性。

2016年9月，国务院印发《北京加强全国科技创新中心建设总体方案》，明确了北京加强全国科技创新中心建设的总体思路、发展目标、重点任务和保障措施。方案强调，北京全国科技创新中心的定位是全球科技创新引领者、高端经济增长极、创新人才首选地、文化创新先行区和生态建设示范城，要求以中关村国家自主创新示范区为主要载体，充分发挥中央在京单位作用，充分激发人的创新活力动力，塑造更多依靠创新驱动、更多发挥先发优势的引领型发展，持续创造新的经济增长点，在创新驱动发展战略实施和京津冀协同发展中发挥引领示范和核心支撑作用。

9月，根据国务院这一总体方案的要求，北京市政府发布了由北京市科委牵头，市发展改革委、市经济信息化委、中关村管委会和北京经济技术开发区管委会共同编制的《北京市"十三五"时期加强全国科技创新中心建设规划》。规划提出，积极争取国家实验室在北京建设，在基础研究和战略高技术领域抢占全球科技制高点；突破一批全局性、前瞻性、带动性的关键、核心和产业共性技术，率先形成以创新为引领的产业体系。规划特别提出了"十三五"期间北京市的"八大技术跨越工程"，涉及新一代信息技术、生物医药、新能源汽车、节能环保、先导与优势材料、数字化制造、轨道交通等领域。

此前，北京市一直非常重视新兴技术领域的发展，并制定了多层次的规划促进其发展。在北京市的"十三五"规划中，新兴技术发展是重点之一。同时，北京市连续编制了有关高技术发展的市级综合性专项规划。"十二五"期间，北京市发布了《"十二五"时期高技术产业发展规划》。2016年这一规划更名为《北京市"十三五"时期加强全国科技创新中心建设规划》，大大凸显了北京市科技创新发展的全国性战略意义。

除此之外，北京市近年还曾连续制定《"科技北京"行动计划（2009-2012年）——促进自主创新行动》及《北京技术创新行动计划（2014-2017年）》。后一计划提出了12个重大专项，包括首都蓝天行动、首都生态环境建设与环保产业发展、城市精细化管理与应急保障、首都食品质量安全保障、重大疾病科技攻关与管理、新一代移动通信技术突破及产业发展、数字化制造技术创新及产业培育、生物医药产业跨越发展、轨道交通产业发展、面向未来的能源结构技术创新与辐射带动、先导与优势材料创新发展以及现代服务业创新发展。

《北京市"十三五"时期加强全国科技创新中心建设规划》提出的"八大技术跨越工程"，是在《北京技术创新行动计划（2014-2017年）》提出的12个重大专项基础上的进一步整合，并突出强调了新一代信息技术发展的重要性。其中，与人工智能发展高度相关的主要是新一代信息技术发展与数字化制造技术创新。在这两大"跨越技术工程"的名目之下，可以涵盖人工智能研发的主要方面。

不过，人工智能涉及全局、给人类社会带来全面变化的重大意义，及其所牵涉范围的广泛性，很难在上述这些宏观性的规划中呈现出来。在这些规划中，人工智能尚未被特别强调，它所涉及的不同领域的关联性，也未能呈现出来。

阿里云研究中心、Alibaba Innovation Ventures 及波士顿咨询公司（BCG）最近合作发布的研究报告《人工智能：未来制胜之道》指出，未来3~5年，在服务智能阶段，数据可得性高的行业，人工智能将率先用于解决行业痛点问题，爆发大量场景应用。医疗、金融、交通、教育、公共安全、零售、商业服务等行业数据电子化程度较高、数据较集中且数据质量较高，因此在这些行业将会率先涌现大量的人工智能场景应用，用以解决行业痛点问题。中长期人工智能将取得显著技术突破，应用向技术创新领域纵深拓展；长期人工智能将逐渐发展到超级智能阶段，技术和应用都极度拓展，人工智能将颠覆各个行业和领域。

从人工智能发展的趋势来看，我们迫切需要将其崛起视为一个系统性的巨大变化与人类科技工程。人工智能的发展，不是多个领域技术进步的简单叠加，而是众多领域技术进步相互交叉推进（包括网络技术、生物科技、超级计算机研发等）的"巨潮"。对于人工智能的兴起，政府不仅要考虑如何推动其快速发展，还要考虑如何应对它带来的失业剧增等社会难题；不仅需要系统性地看待人工智能技术集合诸多技术进步的发展模式，而且需要系统性地思考如何应对人工智能带来的革命性变化。

北京市要加强全国科技创新中心建设，人工智能是需要协调和集中力量争夺的制高点。要在人工智能领域确立全国领先的地位，并成为全球的重镇之一，北京无疑需要形成推动发展人工智能的自觉意识。北京市现有的综合性和宏观性规划，虽然已经强调了人工智能发展的两大基础技术领域，但还不够明确和有力。在《北京市"十三五"时期加强全国科技创新中心建设规划》的框架下，特别制定人工智能发展的专门规划，将有助于北京市在这一改变人类世界的高科技领域抢得先机。

三　政府与社会监督对人工智能健康发展有重要意义

政府应介入人工智能产业的发展，包括产业规划、资助发展、伦理监督等。人工智能发展不同于以往一般的产业发展的地方在于，它具有广泛的社会溢出效应，这是国家和政府进行产业干预的主要理由。政府介入人工智能领域，无论是充当投资者，还是充当监督者，都有利于避免人工智能为少数垄断企业所把持，为人工智能的多元价值提供实质基础。

人工智能快速发展带来的伦理与法律挑战是前所未见的。十余年前，基因技术的发展曾引起人们对伦理问题的普遍关注，担心克隆人等技术发展失控，给世界带来严重的伦理危机。这些关注与讨论，推动了各国政府加强对基因技术研究的监管与同行伦理监督的发展，这些"控制阀"的形成，使基因技术的进程相对缓慢。现在人工智能技术发展的伦理风险甚至要高于克隆人，而且目前人工智能技术的发展推进较快，对人工智能技术的伦理监督则并未形成气候。

霍金明确表达了对人工智能发展失控引发严重危机的担忧，认为人工智能的强力崛起，在人类历史上可能是最好的，也可能是最糟糕的。人工智能在带来益处的同时，也带来危险，比如强大的自动武器，或少数人欺压多数人的新方法。将来，人工智能可能会发展出它自己的意志——一个与人类相冲突的意志。他指出，除非我们学会如何避免它所带来的危害，否则它可能是人类文明史的终结。①

霍金的这一忧虑并非危言耸听，尽管短期内未必会出现智能机器引发的大危机，但在数十年之后会出现何种状况，我们很难根据现在人工智能的发展速度做出乐观的预测。正因为如此，不能想当然地认为，目前人工智能发展还在初级阶段，没有太大威胁，可以搁置对研发进程的监督，等到人工智能发展到有些威胁的程度再做应对。这种想法过于一厢情愿：一是人类应对人工智能发展的能力，也是需要不断锻炼和积累的，不能想当然地假设监督与应对危机的能力会同步提升；二是当人工智能发展到有威胁力的时候，留给人类寻找应对之道的时间与空间，并不确定。

在人工智能发展的初期阶段，一方面需要避免过度监督阻碍其发展，另一方面也要同步发展监督技术和应对能力。发展监督技术与应对能力，并不意味着一定要使用这些能力去约束人工智能的发展，很多时候可以"引而不发"。但由于人工智能发展的高度不确定性，在监督与应对能力发展方面停滞不前，无疑是不负责任和短视的。

人工智能的伦理监督，有不同的主体，既可以是企业及其同行、研究者及其同行，也可以是政府机构或普通民众。企业或研究者的同业监督是重要的，尤其是企业内部设置伦理监督部门。但仅有自我监督是不够的，政府监督和介入必不可少。更为重要的是，在人工智能发展领域，保持社会舆论监督的自由开放，是保持人工智能健康发展、不走邪路的关键"阀门"。

---

① 《霍金剑桥最新演讲：AI可能成就或者终结人类文明》，http://www.aiweibang.com/yuedu/159796677.html。

四 《国家信息化发展战略纲要》是指导性的专项规划

人工智能强势崛起，也是一次新的产业经济浪潮，是各种企业发展壮大的机会。政府需要吸取 21 世纪初互联网经济刚兴起时的经验教训，以超前的眼光与判断力，抓住这一次发展机遇，更为积极地引导企业发展。在此前的互联网经济浪潮中，国家的角色发生了重大转变，主要表现是国有资本在新的产业潮流中边缘化。与此相应，国家在新经济领域的产业战略不再以国有资本发展为核心，在早期也并未以国有资本为重心制定跟进互联网产业浪潮的"顶层设计"，而是顺应时势变化，以产业与资本的多元发展为基础引导国内新兴产业发展。同时，国家在一些层面也表现出加强话语权的意图，例如网络舆论平台管理便是如此。

互联网产业发展时期国家角色的变化有其原因。较多被提及的因素是互联网经济发展的激励机制问题，即国有企业从一开始便是积极的参与者，但因为缺乏产权等方面的激励机制，逐渐错失这一波产业浪潮。同时发生的另一重要变化是，人们倾向于怀疑国家产业规划及时跟踪技术和产业创新的能力。这种氛围之下，互联网产业发展在一段时间内没有成为国有资本发展规划的重大议题。这种怀疑与搁置有其根据，其中一个关键原因是，此前条块分割的产业管理体制，使得国有资本发展难以依托既有平台进行跨部门联合创新（例如广电部门与通信部门之间就管理权限展开了长期的争执），而大型互联网公司在产业发展上的革命性变化正是在于打破了既有的产业边界，例如媒体只是大型网络公司中相对次要的部门。

在非国有资本引领 21 世纪中国的互联网经济浪潮，大幅改变中国产业版图与资本结构之后，国家试图在整个"信息经济"领域发挥比以往更大的作用。2016 年 7 月，中办、国办印发《国家信息化发展战略纲要》，指出以数字化、网络化、智能化为特征的信息化浪潮蓬勃兴起，互联网推动产业变革，促进工业经济向信息经济转型，国际分工新体系正在形成。纲要提出网络强国"三步走"的战略目标，到 2020 年，核心关键技术领域达到国际先进水平；到 2025 年，建成国际领先的移动通信网络,根本改变核心关键技术受制于人的局面;到21世纪中叶,网络强国地位日益巩固,在引领全球信息化发展方面有更大作为。

这一以信息经济为核心的综合性的专门规划,是国家产业政策的一个重要发展。它不再像以往常见的新兴技术发展规划那样宽泛,而是将信息经济视为以网络发展为核心的一个大系统,将新兴技术规划中的一个子项目独立出来加以扩充与强调。另外,"信息经济"的规划并不只是互联网经济的部门规划,而是覆盖各个领域的整体产业规划。这意味着,随着互联网领域的革命逐渐向各个产业扩展,"互联网+"的浪潮逐渐演变为不同产业"+互联网"的格局,国家经济和产业的方方面面都在发生重大变化。在这种情况下,政府的产业规划角色发生了新的变化。

《国家信息化发展战略纲要》涉及了人工智能发展的诸多重点领域,但对人工智能的重要性尚未明确强调,对人工智能发展的影响还缺乏系统性的应对准备,也未将之作为核心概念。"人工智能+"时代可以视为"互联网+"时代的一个发展阶段,后者所指相对宽泛,可以用"人工智能+"来表述全面改变人类境遇的新潮流。尽管如此,从地方政府制定人工智能发展规划的角度说,这一战略纲要提供了专项规划的重要范本。

五 人工智能规划需重视伦理监督与多元参与

在一般性的产业规划具备的要素之外,本文总结出编写人工智能发展规划需要注意的三个特殊重点。

其一,人工智能发展对人类生活与社会结构会产生前所未有的全面影响,这决定了人工智能发展不只是单纯的产业发展,而内在包含了从产业到经济社会的多层面内容。因此人工智能规划应当是系统性的,包括产业政策、产业监督政策与社会政策。

其二,根据人工智能产业的不同发展阶段,持续地推进产业监督的发展,需要为社会舆论对人工智能产业的监督提供应有的自由开放空间。

其三，以整体产业规划抓住"人工智能+"时代的经济新浪潮，有必要鼓励多元的资本参与，以避免出现寡头公司垄断人工智能领域的局面。目前不少国家的互联网领域逐渐形成了少数几家网络公司垄断的局面。奥巴马强调，政府投入有利于保护人工智能的多元价值，避免其为少数企业所垄断。同样的道理，国有资本或国有企业积极介入人工智能浪潮，也有利于保护人工智能的多元价值。可以在强调私人资本的积极作用之外，鼓励国有资本与国有企业积极介入。

在经历和领略了互联网产业浪潮及其变革力量之后，政府与国有部门对人工智能发展的产业浪潮会更敏感，也更有把握产业机遇的经验与能力。部分国有企业及研究机构在人工智能的技术研发与产业化方面也有较大优势。可以预期，国有部门会跟进新的产业革命包括人工智能革命，尤其是在涉及国家战略竞争能力的方面更是如此，从而形成不同所有制企业齐头并进的局面。国有部门在"人工智能+"时代既成为重要的竞争者之一，也可为人工智能的健康发展提供重要保障。

北京文博会可在人工智能领域有所突破

王东宾　贾　开*

摘　要

从目前的产业发展趋势来看，人工智能、大数据、移动互联、云计算、物联网等众多方面的创新发展，已经在文化及其他产业领域引发了前所未有的革命性变化。但北京文博会现有的设计还没有反映出产业领域这一影响深远的变动。北京文博会可以在人工智能等领域发挥引领性作用，以具有前瞻性的视野，为中国人工智能与文化产业的融汇提供一个重要平台。

人工智能以网络计算机技术大发展为依托，掀起的首先是一场知识革命。目前对人工智能发展的冲击感受最深的，是脑力劳动者（或者说知识分子、文化界人士），国际象棋、围棋、翻译领域也是如此。

在现有文博会架构中凸显人工智能的革命性变化，比较简单、稳健的办法是，尽早单独设立人工智能专区，既突出强调其重要性，又突出其作为创新企业交流平台的特点。

更为激进的做法是，设置"新兴产业"单元，纳入与人工智能、大数据、物联网等技术创新关系紧密的各个新兴门类。

---

* 王东宾，北京大学经济学院博士后；贾开，清华大学公共管理学院博士。

中国北京国际文化创意产业博览会是北京市在文化建设领域的一个非常重要的品牌项目，是中国在文化创意产业领域最有影响的国际性会展。北京文博会由文化部、国家新闻出版广电总局和北京市政府共同主办，北京市委宣传部等28个委办局协办，北京市贸促会承办。自2006年举办的首届，到即将于10月底揭幕的第十一届，北京文博会已经走过十一个年头，取得了丰硕的成果，基本确立了在国际会展界的地位。

根据即将开始的第十一届的策展规划，北京文博会关注的重点领域主要包括文化创意产业集聚区、广播电影电视、新闻出版和版权贸易、设计创意、文物与博物馆、动漫游戏、旅游商品与文化旅游景区、时尚创意、画廊与艺术品、创意礼品、古建与城市雕塑等方面。从目前的产业发展趋势来看，人工智能、大数据、移动互联、云计算、物联网等众多方面的创新发展，已经在文化及其他产业领域引起了前所未有的革命性变化。但北京文博会现有的设计还没有反映出产业领域这一影响深远的变化。

我们建议，北京文博会可以在人工智能等领域发挥引领性作用，以具有前瞻性的视野，为中国人工智能与文化产业的融汇提供一个重要平台。

一　后人类时代的来临与中国产业战略视野的调整

网络经济的崛起与发展，是过去20余年已经发生的革命"故事"；今后可能出现的革命性变化，毫无疑问会以互联网领域已有的技术进步与资本积累为基础，但并不一定重复此前创新的"故事"，而会在更广泛、更深入的层面推动新"革命"的出现。从目前已有的变化来看，最有潜力、最值得注意的进展是人工智能领域的革命。

Google研发的阿尔法狗（AlphaGo）战胜韩国的围棋世界冠军李世石，以及Google的神经机器翻译系统（Google Neural Machine Translation，GNMT）在语言翻译领域的突破性进展，是人工智能发展进入崭新阶段的标志性事件。20年前，IBM的"深蓝"曾战胜俄罗斯的国际象棋世界冠军卡斯帕罗夫，但此后一段时间人工智能进展甚微。近年来以互联网技术包括大数据等领域的进展为基础，"深度学习"等创新给人工智能带来了重大突破。目前，人工智能与神经网络、生物医学、大数据、移动互联、云计算、物联网等众多领域的创新发展逐渐形成了相互推进的联动效应，很可能会取得持续性的突破，这种技术创新形势与"深蓝"时代已经大不一样。事实上，值得注意的是，人工智能当前已经逐渐走出实验室，开始大规模应用于社会生活领域。例如苹果手机iPhone上的Siri语音助手已经可以支持绝大部分自然语言，而2017年10月谷歌新品发布会上推出的Google Home致力于成为智能家居的控制中心，更不用说当前已经下线的特斯拉自动驾驶汽车。所有这些应用产品的背后都离不开人工智能技术的支撑。

人工智能领域的革命对人类社会带来的影响和冲击，要远远超过此前互联网领域的经济和技术革命。简而言之，以往的互联网络仍然是人类完全有信心掌控和使用的平台，但是人工智能的发展，在不长的时间内将使部分领域机器取代大多数人力（如翻译），从长远看，则可能创造出改变人类主导局面的"超级智能"。这将是整个人类社会数千年来从未遭遇的历史性巨变。"后人类时代"的帷幕已经拉开一角。

敏锐的新经济领袖与研究者围绕人工智能革命的潜力、机遇与挑战的讨论正在进行。例如，国内外诸多领先的互联网公司在人工智能领域加大投入，比尔·盖茨与马斯克等诸多业界领袖关注牛津大学教授尼克·波斯特洛姆的新著《超级智能：路线图、危险性与应对策略》及相关讨论，霍金等科学家呼吁人工智能研究保持必要节制，等等。斯坦福大学于2014年秋季启动了"人工智能百年研究"项目，并且每5年对人工智能的发展状况进行一次评估，集中研究人工智能及其给人类、社区和社会带来的影响。虽然人工智能发展存在诸多道德风险，但这一领域的探索方兴未艾，新的技术革命可谓刚刚开始。2016年7月27日，中办、国办印发《国家信息化发展战略纲要》，指出以数字化、网络化、智能化为特征的信息化浪潮蓬勃兴起，互联网推动产业变革，促进工业经济向信息经济转型，国际分工新体系正在形成。纲要认为，谁在信息化领域占据制高点，谁就能够掌握先机、赢得优势、赢得安全、赢得未来。《国家信息化发展战略纲要》同时关注了旧的产业革命与新的产业革命。纲要相对偏重于前一方面，例如在"构建先进技术体系"部分，强调"积极争取并巩固新一代移动通信、下一代互联网等领域全球领先地位，着力构筑移动互联网、云计算、大数据、物联网等领域比较优势"。对后一方面则侧重于"智能制造"领域，提出以智能制造为突破口，加快信息技术与制造技术、产品、装备融合创新，推广智能工厂和智能制造模式，全面提升企业研发、生产、管理和服务的智能化水平。

花旗银行和牛津大学马丁学院的一份报告指出，中国已经取代美国成为第一大工业自动化市场。2016年春节晚会广州分会场的机器人舞蹈，即是目前机器人在中国生产领域日益广泛应用的一个形象表达。从这个角度看，《国家信息化发展战略纲要》的战略规划以中国已有成就为基础，呈现出稳健的前瞻视野。

二 人工智能的冲击较早在文化领域呈现

人工智能以网络计算机技术大发展为依托，掀起的首先是一场知识革命。目前对人工智能发展的冲击感受最深的，是脑力劳动者（或者说知识分子、文化界人士），国际象棋、围棋、翻译领域也是如此。

人工智能在翻译等领域未必会完全取代人，但机器有望迅速成为人类的高效高能助手，促使翻译从业者急速减少。尽管新发布的神经翻译机器在翻译质量上已有大幅提升，但仍然有很多错误。谷歌的人工智能开发者也承认，人类不同语言之间的高质量翻译，仍然是一个有待破解的难题。但随着翻译机器能力的不断提升，不久之后（可能在十年之内），多数情境下将不再需要人工翻译，翻译人员的大范围失业或转行不可避免。

翻译领域如此，部分写作领域的颠覆性变化也不再遥远。在新闻行业，一些新闻机构已经在让机器人写稿，质量也在逐渐提升。未来很可能出现的局面是，诸如深度调查之类的高难度创作，仍然需要人来完成，但一般性的、常规性的报道或评论，则可以由机器代劳。

记者的新闻写作如此，在其他文化创意领域，人工智能机器同样可能完成一般性、常规性的工作。在文化创意领域很可能会出现要么高水准、要么失业的不平衡格局，即半数以上文化创意类工作由人工智能机器完成，少数人完成高难度、高水准的文化创意工作。

同样教育方面也可能出现重大变化。老师与学生的交流沟通，在教育中具有关键意义，人机对话难以取代，但在一般性的学习方面，则是另一种情况。机器翻译既然可以取代人工翻译，对外语教育的冲击也将是巨大的。甚至人类的外语学习的定位与方式本身，也会发生颠覆性变化。外语教育如此，其他领域的教育也可能出现类似变化。现在，各种网络学习工具（包括各种学习型游戏）已有较为广泛的运用，智能化的教育系统在学生学习中起到的作用越来越大。例如，可以识别学生的学习水平，然后根据学生的水平确定学习内容，在一定程度上做到"因材施教"。这既意味着教育产业正在发生巨变，孕育新的创造机会，也意味着旧的教育产业格局面临震荡与危机。

人工智能的影响范围可以持续列举，例如科学研究、部分人文研究、医疗（包括药物开发）、法律等领域，人工智能的发展对人类一切领域都将产生巨大冲击，而文化领域可能会首先受到冲击。因而可以说，人工智能及相关领域的发展，是文化创意领域前所未有的变革因素，它将带来万亿级的产业资本的投入和产出，推动文化创意产业的全面创新。如果忽略人工智能方面的进步带来的产业发展新成果、新创造、新动向，将很难把握未来文化创意产业的发展方向。

另外，人工智能也将给知识文化界带来深刻的影响，一个主要的冲击是，不可避免地出现就业结构的剧烈调整。首先，大范围的失业不可避免。对于这一趋势的形成时间与规模，目前有各种预测，基本共识是失业现象在未来十年会非常普遍。在一般性的加工生产企业，机器人会大量取代人力劳动；在文化教育领域，失业现象同样可能会越来越严重。要应对失业率上升的困局，各个国家的社会政策需要进行相应的调整。例如，实行基本收入制度，即无论是否工作，公民都可以获得一定数额的工资。与此同时，新的就业机会也可能出现。例如，伴随自动驾驶的普及而广泛产生的对基础设施建设翻新的需求，伴随智能家居的成熟而广泛产生的衍生服务,等等。就当前而言,失业浪潮的影响大于新的就业机会的创造。但无论怎样,这都表明我们不仅需要关注产业变革的趋势,还需要关注产业变革过程中出现的社会伦理问题,前瞻性地在经济社会制度设计层面做出预案、做好顶层设计,并进行局部地区先行试验探索。

三 北京文博会可为人工智能领域提供国际级交流平台

由于人工智能在未来文化创意产业中有着极为重要的作用,北京文博会在展会的议题设置上,有必要充分显示人工智能的重要性,具体做法可以有多种。

在现有文博会架构中凸显人工智能的革命性变化,比较简单、稳健的办法是,尽早单独设立人工智能专区,既突出强调其重要性,又突出其作为创新企业交流平台的特点。目前虽然在细分领域从事人工智能创新的成熟产品还不多,但是有潜力的企业数量不少,文博会对创新企业的产品征集工作可以做得更为细致。在众多细分的文化创意领域,都存在在人工智能方向上寻求突破的企业,如动漫游戏、教育培训等。

更为激进的做法是,设置"新兴产业"单元,纳入与人工智能、大数据、物联网等技术创新关系紧密的各个新兴门类。

上述两种议题设置,都可以纳入以"人工智能时代的文化发展"为核心议题的国际高端论坛,同时关注产业创新发展与人工智能时代的文化变迁/社会伦理难题。

人工智能成为热门议题已有时日,目前北京已有一些部门策划和举办了有关人工智能发展的国际论坛。例如,2016年8月中国人工智能学会发起主办、中国科学院自动化研究所与CSDN共同承办的"2016中国人工智能大会(CCAI 2016)";2016年4月中国科协指导,中国人工智能学会发起,联合中国互联网协会等十余家学会及协会共同主办的"2016全球人工智能技术大会(GAITC)暨人工智能60年纪念活动",等等。这些论坛以论道为主,是北京文博会可以联合的智力资源。在企业与产品展览方面,北京文博会可以被称为开拓者。

从人工智能产业发展的地理布局看,北京文博会也有地利之便。北京是中国互联网创业的主要城市之一,集结了大量创新型企业,包括百度等在内的在人工智能领域投入重金的行业领导者,以及从事机器人开发等技术创新的国有公司、中小企业。北京汇聚着大量科研院所和相关研究资源,如清华大学的人工智能实验室,与国际前沿研究有着密切的学术和科研联系,为人工智能的全面发展提供了重要的智力支持,这些独特优势是国内其他地区难以比拟的。

可以说,人工智能这一改变未来的产业领域,为北京文博会成为国际级的重要展会提供了重要的契机。

以大数据管理创新助推人工智能发展

穆 勇 蒋余浩 王 薇[*]

摘 要

  人工智能技术唯有与普通人的工作、生活紧密挂钩，才能成为时代的主流。大数据的开放与共享，使人工智能技术一方面能适应社会的不断发展，另一方面能不断提升自身的品质，更好地服务于大众。政府是大数据的主要持有者和使用者。倘若政务数据不能有效开放利用，则制约着大数据的长足发展。

  近年来，北京市在政务数据资源资产化管理方面取得了许多突破性的成绩。不过，在资产化管理政策制度方面，还有许多需要完善的地方。北京市有必要通过完善政务数据资源资产化管理政策和制度，进一步推动政府数据的开放、利用和共享，从而促进各类社会数据的开放和利用，为北京市大数据战略的推行奠定坚实的基础。

  以大数据的协同开放来助推人工智能发展，需要在政府、企业及其他社会主体之间构建责任明晰和协同共享的数据管理机制，使不同主体既有依法依规实施开放的压力，又有分享到大数据开放效益的机会，从而形成合力，共同推动政务大数据的开放与利用。

---

[*] 穆勇，北京市信息资源管理中心副主任；蒋余浩，清华大学公共管理学院博士后；王薇，北京市信息资源管理中心研究人员。

《国务院关于积极推进"互联网+"行动的指导意见》确定了"大力发展智能制造"的重点行动计划,意见提出:"鼓励大型互联网企业和基础电信企业利用技术优势和产业整合能力,向小微企业和创业团队开放平台入口、数据信息、计算能力等资源,提供研发工具、经营管理和市场营销等方面的支持和服务,提高小微企业信息化应用水平,培育和孵化具有良好商业模式的创业企业。充分利用互联网基础条件,完善小微企业公共服务平台网络,集聚创业创新资源,为小微企业提供找得着、用得起、有保障的服务。"其中涉及如何创新大数据管理机制,实现政府、企业及其他社会主体有效协同共享的问题。

我国的大数据发展尚处在初级阶段,存在法律规范滞后、部门壁垒、供给与需求脱节等诸多结构性障碍。在多元主体的数据权益诉求之间,也潜藏着矛盾和冲突。为推动人工智能的高速发展,借助数据管理机制的创新,指引多元主体共同参与大数据建设,值得关注和研究。

一 人工智能对于大数据的需求

我国的人工智能产业起步很晚,但如同科技界人士指出的,我国近年来已在人工智能科研成果及其产业转化上取得了长足进展。例如,"在当前大数据、云计算、移动互联网深入发展与广泛应用的背景下,国内外 IT 企业不失时机布局人工智能产业。以智能语音产业为例,2015 年全球智能语音产业规模达到 61.2 亿美元,较 2014 年增长 34.2%。其中,中国智能语音产业规模达到 40.3 亿元人民币,较 2014 年增长 41.0%,远高于全球语音产业增长速度。预计到 2016 年,中国语音产业规模将达到 59 亿元人民币"。[①]

当前的全球人工智能专利数量,美国、中国、日本位列前三,三国占总体专利的 73.85%。我国的数据虽然高于其他国家,但与美国相比,仍有不小的差距。我国的人工智能专利申请主要集中在五个领域:智能机器人(占专利申请的 38.3%)、神经网络(占 17.9%)、图像识别(占

---

① 蔡自兴:《中国人工智能 40 年》,《科技导报》2016 年第 34 期。

10.4%）、语音识别（占8.1%）、计算机视觉（5.9%）。①

人工智能的发展必然要求大数据的开放与共享，因为智能产业本身就是生物科技与高端信息技术相结合的产物。大数据对人工智能的影响可以简单归纳为以下几点。

首先，通过大数据的挖掘提升智能产品的服务效能。例如，智能机器人服务效能的提升，必须依靠大数据与人工智能技术的高度结合，"通过模式识别引擎将大数据进行系统化、结构化的分析，在对人工智能机器人的学习技能设定时利用深度的学习算法和数据反馈系统进行完善，在实际操作中会发现相对应的训练语料数据越多，神经元节点的需要就越多，语义识别就越精准，经过详细的计算，大致1000万与100万的神经元整体识别率相差了10%，而100亿和10亿的神经元整体识别率大致会相差高于20%，因此需要不断优化大数据在人工智能技术方面的应用"。②

其次，大数据的应用大幅度降低了智能产品的研发成本。过去，数据挖掘往往意味着不菲的投入，因此，企业希望能够从数据中发掘出"大机会"，或是将有限的数据处理资源投入有可能产生大机会的"大客户、大项目"中去，以此获得健康的投入产出比。而在大数据时代，数据处理的成本不断下降，数据中大量存在的"小机会"得见天日。每个机会本身带来的商业价值可能并不可观，但是累积起来就会实现质的飞跃。所以，大数据往往并非意味着"大机会"，而是"海量机会"。

最后，大数据为智能产业的投融资创造更为"庞大"的机会。近几年，大量资金涌入智能产业，已经成为金融行业的热门话题。例如，2015年，百度推出度秘、小度机器人两款产品，腾讯财经开发出自动化新闻写作机器人，阿里巴巴与富士康联手向软银机器人控股公司分别注资145亿日元。据麦肯锡咨询公司预测，到2025年，机器人在制造业、服务产业创造的产值将为1.7万亿美元到4.5万亿美元。③ 由于

---

① 参见《乌镇指数：全球智能发展报告》。
② 王洪艳、郭云峰：《大数据技术在人工智能中的应用研究》，《数字技术与应用研究》2015年第12期。
③ 参见中投顾问产业研究中心发布的《我国人工智能行业投融资分析》。

大数据可以整合更多信息,并可以更准确评估客户风险,正在崛起的数据银行已对传统商业银行构成巨大威胁。例如,在大数据时代,大数据为金融机构提供了客户的全方位信息,通过分析和挖掘客户的交易和消费信息掌握客户的消费习惯,并准确预测客户行为,有针对性地推销产品和服务,满足银行对潜在客户量身定制服务的需求。而且,大数据时代出现了更多金融与商业的跨行业联动营销。无论如何,大数据为金融业带来的潜力和新商机,都必将使金融行业更有效地促进人工智能行业的发展。

综上所述,如果承认人工智能技术唯有与普通人的工作、生活紧密挂钩才能成为时代的主流,那么,大数据就能为智能行业提供这样的认知和切入口。通过大数据的开放与共享,人工智能技术一方面能适应社会不断发展的状况,另一方面能不断提升自身的品质更好地服务于大众。

二 以政务数据开放为引擎,推动大数据协同共享

政府是大数据的主要持有者和使用者,倘若政务数据不能有效开放利用,便会制约大数据的长足发展。

所谓政务大数据,是指党政部门以及具有公共管理职能的其他企事业单位在履行职能过程中产生或者使用的数据信息,包括与政务部门存在状态相关的数据,政务部门运作过程中产生的数据,政务部门实施管理过程中经过采集、加工或转换而形成的数据,等等。

政务数据的主要来源有四类。第一类是各个部门和机构履行法定职能过程中形成的数据,被称为"业务数据",指业务办理过程中采集和产生的数据。第二类是民意社情数据,指的是政府部门对企业或个人信息进行统计调查获得的数据。第三类是环境数据,即通过物理设备采集获得的气象、环境、影像等数据。[①] 除此三类之外,以分散形态存在于社会主体中的数据也日益凸显其重要性。尤其是近年来,社会资本投

---

① 穆勇:《北京市政务大数据平台顶层设计框架及应用方案》,http://www.haokoo.com/internet/1840119.html。

入成立了大批科研机构、企业研究院、数据开发组织等,掌握着大量与政府公共决策有关的海量数据。这类数据可称为"分散性公共数据",政府可以通过采购或者合作开发等多种方式,获得其使用权,满足公共决策的需要。四类数据在结构化程度、应用范围上存在差异。

我国政务大数据管理结构上最显著的特征,是"多头管理,对口负责",即中央与地方各级党政部门和其他公共机构负责管理自己掌握的数据,而在同一机构内部,通常设有专门的信息管理部门;会计、审计、数据资产价值评估机构参与管理过程,根据职能分工承担一部分数据管理责任;不同的数据使用者负责数据运维过程的不同阶段。这种多头管理结构的优势在于专业性强,有条件对大数据进行专门化管理和处理;缺点在于严重受制于部门壁垒等结构性障碍。一方面,不利于政务大数据的开放共享;另一方面,也导致难以对各部门履行管理责任的情况实施监督。2015年国务院发布的《促进大数据发展行动纲要》提出"加快政府信息平台整合,消除信息孤岛"的要求。同年,中共中央网络安全和信息化领导小组办公室发布《关于加强党政部门云计算服务网络安全管理的意见》(中网办发文〔2015〕14号),提出"增强风险意识、责任意识"的要求,正是分别针对数据管理结构上存在的缺点。

在当代社会,利用政务大数据的程度在加深,范围在迅猛扩大。以往的政务数据管理往往强调建立统一的大型数据库进行数据汇集和管理,然而在近年,利用分散化网点收集数据的趋势日益明显,这导致无法建立统一而集中的管理平台和数据库。例如,美国2007年食药监管修正法案要求,药品投入市场之后的安全性能监测研究需采用1亿人以上规模的医疗数据。食药监管局为此设立了监测哨点及分支网点,在2011年之前共收集了6000万人的数据。相同的大规模医药监测研究,也出现在加拿大、欧盟和日本。这种海量数据的收集和利用,并不需要也不可能建设集中的数据库进行管理。[1] 以此为参照,我国的分散化多头管理结构还有优势值得继续发掘。但是,对于大力推动大数据开放共

---

[1] Barbara J. Evans, "Much ADO About Data Ownership," *Harvard Journal of Law and Technology*, Vol. 25, No. 1, 2011, pp. 99-100.

享而言，亟须探索数据管理机制上的创新，使政务部门能够克服其部门壁垒和监督不力的弊端，引领大数据协同共享的可持续发展。

三 政务数据资源管理制度完善的必要性与方向

近年来，北京市在政务数据资源资产化管理方面取得了许多突破性的成绩。2009年2月，北京市信息化工作领导小组发布了《关于加强政务信息资源管理的若干意见》（京信发〔2009〕2号），要求各部门"实行政务信息资源登记管理"，"逐步实现政务信息资源的资产化管理"，为资产化管理工作的开展提供了政策支持。同时，北京市已启动政务信息资源目录编制与登记工作，并取得了一定的成果，迈出了资产化管理实践的第一步。2013年年底，北京市正式开通政府数据资源网，作为"大数据"惠民的一项重要举措，为政府信息资源的社会化开发利用提供数据支撑。

不过，在资产化管理政策制度方面，还有许多需要完善的地方。例如，北京市的政务数据资源分散在各主管部门，它们的开发利用工作主要由政府部门自身或其事业单位承担，无偿或有偿向社会提供服务。据了解，在交通信息、人口信息、工商注册登记信息等方面，政府已经对政务信息资源社会化利用进行了一定程度的尝试，但由于缺乏相关的政策，没有激励和约束机制，工作尚处于起步阶段。[1]

国内其他地方政府近年来也有一些创举值得北京市学习。例如，2015年上海市经济和信息化委员会、上海市交通委员会联合主办"游族杯"上海开放数据创新应用大赛（Shanghai Open Data Apps-SODA），"旨在发掘城市数据中的价值，以数据开放为切入口，集大众智慧为城市交通系统建设出谋划策，为数据产品的创新提供竞技平台"。[2] 广州市政府在2016年4月出台《广州市政府信息共享管理规定实施细则》，细则规定："行政机关根据其履行法定职能的需要，依照法定程序使用

---

[1] 参见北京市信息资源管理中心《政务信息资源资产化管理关键性问题探索》（未刊稿），2010。

[2] 参见搜狐网新闻：http://mt.sohu.com/20150820/n419328625.shtml。

通过共享获得的政府信息。行政机关不得自行向公众发布或向其他部门转让通过共享获得的政府信息;非经法定授权,不得利用共享政府信息牟利。"①

北京市有必要通过完善政务数据资源资产化管理政策和制度,进一步推动政府数据的开放、利用和共享,带动各类社会数据的开放和利用,为北京市大数据战略的切实推行奠定坚实的基础。

北京市完善政务数据资源资产化管理政策和制度的方法有以下几个。

其一,确立"开放为常态,不开放为例外"的数据管理基本原则。

其二,实施"对口负责,专业管理,统一开放"的资产化管理模式。

其三,建立"依法开放,协作开发"的数据资源资产共享机制。

其四,引入第三方评估的机制,推动北京市政务数据资源资产化管理制度不断改进、完善。

四 以数据资源管理推动人工智能发展的对策建议

其一,规定在一般情况下,政务数据资源所有权归公众。政府根据公益目的,向一般公众开放。涉及国家公共安全和保密事项以及公民隐私和企业商业秘密等的数据,依照国家有关法律规定实施严格管理。

其二,研究制定统一的《政务数据资源资产登记表》,以数据持有单位为管理责任人,依照政务会计准则进行会计核算。对政务数据资源资产运维管理的每一个步骤,严格实施审计检查,确保资产价值。

其三,规定在一般情况下,政务数据通过统一开放平台面向公众开放。同时规定,各承担管理责任的部门可以根据数据的专业化程度,设定相应的合作开发条件,针对特定公众或企业开放。基于这类数据开发形成的产品,政府和开发者(科研机构、企业或其他服务商)仅能基于投入的开发成本和有限预价定价。

---

① 参见南方网新闻:http://gz.southcn.com/content/2016-04/12/content_145800813.htm。

其四，企业或其他社会团体认为具有较大社会效益和经济效益但政府不予开放的政务数据，规定企业或其他社会团体有权根据《政府信息公开条例》等法律法规诉请上级政府主管部门或者法院要求政府开放。该企业或其他社会团体相应支付基于该数据市场效益（如果是以营利为目的的开发再利用）或数据生产成本（如果是以非营利为目的的开发再利用）确定的价格。

其五，企业或社会团体在其日常运作过程中收集、开发的数据资源，对于政府履行公共管理职能没有直接作用（仅有辅助性作用）的，政府部门如果认为确有必要使用，可通过政府采购方式依法购买使用。

其六，企业或社会团体在其日常运作过程中收集、开发的数据资源，对于政府履行公共管理职能有直接或主要作用的，规定政府部门可以通过协商的方式购买使用。如果双方协商交易不成，政府可以依法诉求法院，通过支付基于该数据开发成本加有限预价的价格，获得这类数据的使用权。

其七，组织由相关部门政府官员、企业人士、专业会计、科研工作者、普通民众代表构成的评议小组，定期和不定期地对北京市政务数据资源资产化管理情况进行抽样评估，及时发现问题、总结经验，推动有关制度的不断完善。

总而言之，以大数据的协同开放来助推人工智能发展，需要在政府、企业及其他社会主体之间构建责任明晰和协同共享的数据管理机制，使不同主体既有依法依规实施开放的压力，又有分享到大数据开放效益的机会，从而形成合力，共同推动政务大数据的开放与利用。本文提出的大数据管理机制创新，目的正在于通过为多元主体参与大数据的开放与共享确立制度途径，夯实人工智能产业发展的基础。

面临互联网挑战的广电领域
需要管制方式的变革

孙佳山[*]

摘 要

高成本的发展模式，使中国综艺节目面临巨大的压力，更具颠覆性的压力，来自小成本的互联网综艺节目的竞争。

目前互联网正在与广电领域进行深度博弈，广电领域面临越来越大的压力。这是广电领域相关政策逻辑长期演变的结果。1999年，广电领域展开市场化改革，所有的省级卫视到1999年全部完成了"上星"。当时广电总局还试图在中国的互联网格局中占据一席之地，但经过近年不断的努力，真正属于广电有线网的IPTV用户只有3400万户，与互联网视频的差距巨大。

当下，电视综艺节目的市场环境正在急剧恶化，收视、广告收入都在大幅下降，成本却急剧上升。而且存在很多限制，例如政策性的门槛限制，又如投票方式限令，把更多的观众拒绝到新的娱乐生态之外。

这两三年，如果不能有效应对，广电领域与互联网领域的分化将加速扩大，历史已经进入转折时期。在广电领域，需要撤并一些已经不再适应今天社会发展现状的机构，成立一些能够适应市场环境的新机构，理顺不同机构的关系，如此才有可能实现广电领域的大变革。

---

[*] 孙佳山，中国艺术研究院当代文艺批评中心主任。

目前，中国综艺节目已经走到"资本为王"的阶段。据不完全统计，《极限挑战》中黄渤一季的薪酬大致是 4000 万元。现在中国中小影片的成本投资门槛是两三千万元，黄渤一个人的"真人秀"薪酬，可以拍一两部中小电影。人们一般不太能理解"资本为王"到底是什么意思，但其确实已经到了让人震惊的阶段。在《奔跑吧兄弟》《爸爸去哪儿》等节目中，一台摄像机大概是 50 万元。北京卫视的《上菜》节目一个镜头十几秒的呈现效果，需要四五台摄像机，有差不多价值 200 万元的设备在支持；而一期大型综艺节目，动辄要用二三十台甚至更多这种摄像机，才能有理想的效果。

本文力图通过系列案例，梳理政策演变的脉络，找到 1999 年之后综艺节目在广电领域的基本发展逻辑。

一 广电与互联网深度博弈的三个现象

从三个相互关联的现象中可以了解目前广电领域的基本状况。

第一个现象是，光线传媒的电视事业部宣告重组。光线传媒靠电视起家，《中国娱乐报道》就是光线当年的拳头产品。现在中国电影、电视领域看上去似乎资金充裕，但就是在此时此刻，光线传媒解散了自己的电视事业部，部分人员转岗到了与 360 合办的视频网站。2015 年综艺节目的广告市场份额达到百亿元，而中国电影票房用了十多年的时间才达到百亿元的门槛。既然这个行业这么欣欣向荣，有这么多机会，他们怎么偏偏在这个节点选择了离开？

第二个现象是，爱奇艺提出了"纯网综艺"的概念。按照一般理解，看综艺就是看电视，那么现在的"纯网"是什么意思？

假如这个行业还有巨大的发展空间，光线传媒就不会解散其电视事业部，因为这太不符合常理。而且，假如电视领域的综艺节目在"资本为王"的时代还有很大的机会，为什么还要搞"纯网综艺"？

这一切的背后是一个巨大的时空斗转。光线传媒解散电视事业部，爱奇艺提出"纯网综艺"概念，呈现的问题很明显：互联网领域正在与广电领域进行深度博弈。

这些博弈与第三个现象有密切关联,即广电总局推出限制综艺节目的"限综令"。广电总局的"限×令"的政策效果特别明显。比如《超级女声》很火的年代,最多的时候有100多档类似节目,但随着限令的出台,大浪淘沙后只有两三档节目经受住了考验。再比如前两年《中国好声音》《我是歌手》特别火,总局的"限娱令"和加强版"限娱令"双重限令一出来,这些节目就迅速降温,市场影响特别明显。

二 广电体系与工信体系的长期竞争及当前格局

广电领域与互联网领域的深度博弈看似近年来的新生现象,但实际上在1999年这个问题就已经出现。这是广电领域相关政策逻辑长期演变的结果。现有的一些政策也并不是根据现状提出的,它们有一个源头。

1999年,国家明确提出,广电领域要进行市场化改革,中国所有的省级卫视到1999年全部完成了"上星"。与"上星"同时提出的,是众所周知的"制播分离",这是典型的市场化逻辑,让制作领域充分自由竞争,以期自由的市场竞争能够带来广电事业的大繁荣、大发展。

另一个当时并没太引起人们注意的改革是"台网分离"。这里的"网"跟现在的互联网有区别,是指有线网、有线台与电视台的分离。当年之所以要实行"台网分离",正是因为当时广电体系的有线网与工信部主导的互联网有一定的区别。广电网络的有线网当时话语权还比较大,尤其是电视的问题可以通过"上星"解决之后,当时广电总局还试图在中国的互联网格局中占据一席之地。伏笔在那个时代就已经埋下了,在那个年代所不曾料想的因素,后来产生了蝴蝶效应般的影响,演变到现在,已经形成了错综复杂的利益格局。

从那时起到2014年,我国的网络视频用户是4.33亿户,手机视频用户也达到了3.13亿户,已经到了五个人中至少有一个人拿手机看视频的阶段。但这个"网"并不是广电领域的有线网,而是互联网。虽然广电领域的有线网也进入了互联网,但真正属于广电有线网的IPTV

用户只有 3400 万户。这还是近年国家新闻出版广电总局不断进行政策扶持后的数字，可见差距之大。

据国家新闻出版广电总局公布的数字，2015 年上半年的第一季度，全天的电视开机率只有 12 个点，较 2014 年同期下降了 4 个点；在第二季度，综艺节目的广告收入在迅速增加之后，也开始下跌。不只是综艺节目的广告收入在下跌，电视广告的总体品牌持有量也已经跌到了五年前的水准。一系列数字告诉我们，电视的整个收视率、收视规模在 2015 年之前就已经开始大幅缩水。新的时代已经到来，一系列的数字表明，这个趋势已经不可逆转。这并不是一个周期性的波动，而是长期的趋势，整体性的格局已经稳定下来了。

在 1999 年，人们绝不会料想到这一局面。1999 年广电总局试图通过充分的市场自由竞争带动广电事业的发展，实事求是地讲，至少在随后七八年时间里，这一政策确实对电视剧还有综艺节目的发展起到了很大的推动作用。

三　广电领域管制的滞后

2015 年，出现了"9：20 档综艺节目"新现象。这一概念是广电总局提出的"一剧两星，一晚两集"政策的产物，从 2015 年 1 月 1 日开始实行。以前虽然有"限娱令"，但每个卫视频道每个工作日晚上还是可以播出三集电视剧，而从 2015 年开始，一晚上只能放两集，而且一部电视剧也只能在两个卫视播放。于是，"一晚两集"就把原有晚上的 9：20 到 10：00 的时段释放出来，这才导致以上结构性问题的产生。

"一剧两星"政策不仅没有有效消化现在海量积压的电视剧剧集，还导致电视收视率的下跌。从 2016 年上半年的电视剧收视统计数据来看，"一剧两星"的马太效应是不可避免的。从 2015 年电视剧出现"剧荒"，到 2016 年综艺节目所呈现出的下滑走势，综艺节目的演进路径，是中国电视剧在过去十几年里的走势的一个翻版。只不过，中国的综艺节目在这三四年的走势，是过去中国电视剧的 2 倍或 4 倍的快进版。中国的综艺节目和电视剧一样，都处在当前的广电格局生态下，而不可能超出这个生态。

以电视剧为例,在广电总局自由竞争政策的引领下,中国电视剧在2007年拿到了三个世界第一:观众数量、生产数量和播出数量。2012年电视剧生产摸到行业的天花板,达到巅峰。在可预期的十年之内,电视剧都不会超过2012年的峰值。广电总局"一剧两星"的政策,无外乎觉得可以通过这种加减乘除的方式,处理一下海量的电视剧库存量,但是这种方式实际上是杯水车薪。

中国电视剧产能过剩现象背后的实质,是中国广电领域的文化生产已经进入整体性通货紧缩期。一方面到处都是"热钱",另一方面则是"剧荒"。电视剧制作与综艺节目一样,成本过高,一个演员的薪酬就多达几千万元,甚至拍一个镜头,都需要十几万元、几十万元的成本。

以光线传媒刚解散的电视事业部为例,在解散之前,其和央视合作创办了一个叫《中国正在听》的音乐选秀类的综艺节目。但是他们发现,想通过电视赚钱已经非常难了,投入太大,而且关键是还有很多"镣铐"和"枷锁",这导致光线传媒心灰意冷。光线传媒希望在互联网和电视上同时播出该节目,但广电总局明令说电视台得先播,互联网后播;而且广电总局在2007年针对类似《超级女声》节目的禁令,到现在也没解除,即所有的选秀类节目,不能用手机短信、电话和网络投票,必须在场内投票。

光线传媒这些公司很清楚,他们的观众不仅是电视观众,也包括互联网观众。只有让互联网观众群体也参与,让他们通过手机上的App投票,制作公司才能从中盈利。这样问题就显而易见,1999年开始的新一轮广电领域的改革,与这个时代的消费习惯脱节,已经不适宜在当下的市场环境中继续推进。

当下电视综艺节目的市场环境正在急剧恶化,收视率、广告收入都在大幅下降,成本却急剧上升。而且存在很多限制,例如政策性的门槛限制,又如投票方式限制,把更多的观众拒绝到新的娱乐生态之外。所以,电视综艺节目看似还火热异常,但市场其实正在进行着残酷的行业洗牌。现在的状况是,很多电视综艺节目没有广告冠名,没有投资方,华少在《中国好声音》中那种经典的类似口技式的念众多广告商名称的场面已经很难再现。

四　互联网的低成本节目挑战电视综艺节目

爱奇艺为什么要做"纯网综艺"？比如，爱奇艺《奇葩说》节目的观众基本上都是90后、00后，但第一季就实现了盈利，因为成本很低，都是素人参与。

中国电视节目迟迟进入不了素人参与的阶段，反映出以广电领域为代表的文化工业水平太低。无论是文化娱乐领域，还是文化产业领域的各个环节都高度不对称，有些方面过于"肥大"，有的则过于畸形。用"木桶理论"来说，整体水平被最短的一块木板所限制。一般的综艺节目在这种市场环境下，为了活下去，只能请大明星；换成素人的话，就必须讲故事。

讲述素人和小人物的故事，若要吸引人，需要硬实力。素人这条路的确依然比较漫长。但长期来看，素人"真人秀"，是一个不可避免的选择。

虽然现在还有大量资金涌入电视综艺节目制作，但很难想象明星密集出场、高成本的畸形状况还能维持多久。据说中国的电视台已经买光韩国能买的综艺模式，可见我们文化工业的基础是多么薄弱。而眼下，一档电视综艺节目的收视率如果不超过1.5%、不超过1%，就不可能收回成本。问题是，现在一档综艺节目如果在一线卫视播出，成本肯定上亿元，压力未免过大。

而在互联网领域，2014年《宫锁珠帘》《爱情公寓》的点击量有二三十亿次，而2015年《何以笙箫默》《花千骨》的点击量都到了50亿次，又翻了一番，高点有70亿的观看人次。电视与互联网的差距之大，已经超出了我们的想象。

今天的互联网，不是简单的渠道系统，而是代表了全新的生态格局的系统。当前无论是电影、电视还是综艺，观看的空间感、节奏感这些基本的消费习惯、审美习惯都已经发生了非常大的变化。

五　广电领域变革需要调整相关管理机构的职能

在这个意义上，国家提出"互联网+"战略确实有很大的前瞻性。今天广电领域面临的问题和挑战，确确实实也不是1999年可以预计到的。经过近20年的发展，广电领域的政策结构需要新的顶层设计，进行整体性调整，以适应互联网时代的要求。

这两三年，如果没有有效应对，广电领域与互联网领域的分化将加速扩大，历史已经进入转折时期。传统广电领域的相关政策，从电视剧到综艺，整个广电体制都将面临很大的调整。这种调整，不是简单地出台一两项政策就能够解决的。只有在国家层面，对相关部委的职能进行重新调整、重新划拨，撤并一些已经不再适应今天社会发展现状的机构，成立一些能够适应市场环境的新机构，理顺不同机构的关系，才有可能实现广电领域的大变局。

2015年，中韩自贸区的相关协议陆续生效。随着相关政策的稳定，我国与亚太地区的自贸区还会一个接一个地建立。在自贸区时代的背景下，以综艺节目为代表的文化领域能不能跟上历史的节奏？中国的资本可以借着自贸区的东风"走出去"，但这并不意味着一定会带动文化"走出去"。自贸区意味着大门的敞开是相互的，那么，以广电领域的困境为代表的中国文化领域，会不会面临更悲惨的资本"围猎"？这恐怕是这个时代我们面对的最为残酷的拷问。

应注重扶持原创电视节目

吴闻博[*]

摘 要

中国的电视节目从最初的"内容为王"过渡到"制作为王",当下进入"资本为王"的时代。目前拥有超高收视率和影响力的节目全部依赖"全明星阵容",其背后的资本力量已经成为节目内容的主导。

中国电视原创内容的稀缺以及格调不高,成为业内早已关注却尚无解决办法的问题。近年来国内最有影响力的综艺节目大都是欧美节目或韩国节目的引进改编版。欧美模式是欧美电视工业化的产物,是基于观众的收看心理形成的一整套制作流程。韩国节目《爸爸去哪儿》在中国取得成功,则提供了另外一种电视节目的制作思路,即重视文化的共通和情感的共振。

中国电视未来发展的方向,应该是以价值观引领节目策划,扭转根据明星设计结构的思路。从中国电视节目走出去的角度说,要重视文化价值的表达。电视台应更多地支持原创电视节目,在培育原创电视节目方面有更多耐心,有更长远的眼光。管理部门对原创节目应抱有更为开放的态度,政府相关文化基金应侧重投入有前景、获得广泛认可的原创电视节目。

---

[*] 吴闻博,中国传媒大学凤凰学院亚洲电视研发中心总监。

2015年,《一路上有你》《真正男子汉》《极限挑战》《挑战者联盟》《真心英雄》《无限挑战》等系列韩综节目对打《中国好声音4》《极速前进2》等欧美节目,一时间,关于哪种模式更适合中国的行业讨论十分激烈。其实这种讨论多少有些无奈。

更致命的问题在于,目前拥有超高收视率和影响力的节目全部依赖"全明星阵容",其背后的资本力量已经成为节目内容的主导。由此形成一个节目生产脉络:电视台迫于"收视率"压力,力主明星的加盟,但明星的价格不断提高,又迫使电视台以广告时段的转让吸引资本;资本通过明星报酬控制平台,进而主导内容,那么节目内容必然以"消费主义"为导向,电视节目就成为大广告,格调必然不高,内容也无所谓创意,只要明星卖力表演即可。

一 中国电视节目的"欧美模式"与"韩国模式"

2012年,《中国好声音》上映,中国电视人注意到"欧美模式"的价值,"大片化"概念由此而生;2013年,《爸爸去哪儿》上映,韩国综艺节目备受瞩目,"现象级"成为衡量中国电视节目的又一标杆;2014年,《奔跑吧兄弟》带来意外惊喜,"全明星阵容"+"编剧化模式"引领中国电视节目新潮流。

如果说《中国好声音》的火爆,让业内人士意识到模式的价值,《爸爸去哪儿》则提供了另外一种思路。欧美模式是欧美电视工业化的产物,是基于观众的收看心理形成的一整套制作流程。一是具有科学性,每一个环节、道具都有功能性,能够满足观众心理期待,所以不应被随便改动;二是具有可复制性,所以能够行销全球。韩国节目《爸爸去哪儿》在中国取得成功,则提供了另外一种电视节目的制作思路,即重视文化的共通和情感的共振。这个节目的创意基于一种社会问题,爸爸离开自己的家太久,形成父子关系的所谓情感真空。把这个社会问题当作一个节目的主题,自然成为社会关注的焦点,成为社会讨论的话题。继《爸爸去哪儿》之后,又出现了许多关于亲子关系的节目,比如《爸爸请回答》《爸爸回来了》《带上爸妈去旅行》《妈妈听我说》等。

相对来说,《中国好声音》只能说是一个传媒事件,它的"大片化"只体现在制作流程、呈现效果方面,引起业内人士围绕"模式"展开关于电视产业化的讨论;《爸爸去哪儿》则因为节目主题和人物关系的设计,在社会上引起情感的共振,成为一种社会现象。

《奔跑吧兄弟》的成功可以用"意外"来形容。这档看似"乱哄哄"、找不出节目线索的韩国王牌节目,在刚一进入中国电视圈时并不被业内人士看好。但第二季的收视率破5%,堪称奇迹。相对来说,唱歌类节目因为跟观众相关性强,收视率达到这个高度很正常,但是一个相关性较弱的游戏类节目,能够达到这样高的收视率,我们必须思考明星的价值。事实上,与价值相伴的是价格,据说某跑男明星一集的片酬超过原版 running man 某明星整季的片酬,这也导致很多韩国的明星愿意到中国做节目。但问题在于,这种大投资、大明星、大制作的节目,能够持续多久?除了收视率之外,对于电视节目的内容来讲,究竟是福还是祸?

从节目形态的角度来看,《中国好声音》(2016 年因版权问题改名为《中国新歌声》)属于演播室节目,《爸爸去哪儿》《奔跑吧兄弟》属于户外真人秀。从国际节目发展阶段来看,真人秀在 21 世纪初便已经成为热点,《老大哥》《幸存者》是典型的真人秀,中国直到最近几年才借助韩国节目兴起真人秀热。

相对来说,欧美真人秀重模式、重素人,在把真人的行为记录下来的同时,以规则的设定体现人性。韩国节目注重秀,强化了编剧的功能,把明星安排进去,也是希望通过明星的演技,在各种场合达到某种效果,不管是演还是真实体验,只要达到这样的效果就行。这是韩国节目与欧美节目的区别。也正是在韩国节目火爆之后,人们开始关注节目编剧的问题,当一个节目走向剧化的时候,很难界定这个节目是真人秀还是伪电视剧。

我们很难说中国电视节目发展到现在,究竟是顺应了国际进步潮流,还是违背了进步潮流,但至少可以说中国电视已经找到了自己发展的道路。欧美节目模式很纯粹,无论是游戏类的节目还是演播室内的节目,都不关注太多的情感,不去讲述太多的故事,只需要把最后的目标和规则设置清楚。像《幸存者》一样,你只要最后能够胜出,就能拿到大奖,节目的推动力在于最后的出口。《谁能成为百万富翁》成为世界上最典型的节目模式之一,"百万富翁"就是最大的噱头。但是大多数欧美节目在中国都不算成功,中国的电视很难做纯粹的节目,即便是号称完全遵守原版模式的《中国好声音》,也有很大比重呈现选手故事。选手在台上强调两个词,梦想与经历,这是与原版节目最大的区别点。中国的电视观众更喜欢听故事,一定要有一个故事作为载体,这个故事是真是假暂时不讨论。中国的节目不能做纯粹,无论是游戏节目还是真人秀节目或者是演播室的节目,一定要把故事挖掘出来才能吸引观众。

相对来说,韩国的综艺节目是剧化的综艺节目,不能说是纯粹的真人秀,其中包含较多编剧的功能。比较《奔跑吧兄弟》与 running man,不难发现,running man 没有目的性,基本上以游戏并列式的发展呈现。中国版最大的创意,就在于赋予每个故事以主题。之所以说《奔跑吧兄弟》开启中国电视发展的新篇章,就在于其把季播金字塔式结构改成单集成篇的结构。集与集之间并没有关联,但是集与集之间由于相同明星的存在而形成连续性,再加上每集中有一个故事必须完成的目标,同时又有不同的明星来客串,这类似中国小说的连续性系列性的统一。

二 中国电视节目类型变迁的三个阶段

由三档热播节目溯源中国电视,不难看出其发展经历了螺旋式的上升。在20世纪90年代以前,中国电视节目没有商业运作,缺少广告,没有太强的娱乐性,更多的是政治宣教。90年代之后,《综艺大观》《正大综艺》的出现,开拓了观众的眼界,减少了政治意识形态方面的要素,加入了更多的娱乐元素。

21世纪初,中国电视节目出现井喷现象,强调内容为王。继《超级女声》之后,娱乐成风,脱口成风,成为电视界的一大现象,大众参与程度成为观众关注的焦点，成为吸引观众的最大话题。《百家讲坛》属于文化节目当中的一个例外，它吸引观众的原因，在于把我们以前正襟危坐或者正儿八经讲述的方式改成故事性的讲述。《非诚勿扰》则重视舞美的设计和道具的使用。

《爸爸去哪儿》使节目的娱乐属性和资本属性大幅增强。电视台主要从收视率和明星这两个方面评判节目。现在制作公司给电视台做节目提案，电视台一般都会问三个问题：第一，总冠名；第二，节目内容；第三，制作团队。如果资本的投入不能支撑一个大型节目，方案很难落实。因此，目前电视节目强调内容为王、制作为王，从根本上讲是资本为王。

在资本为王的时代，最大的资本家一部分是个人，更多的是企业，包括投资商乃至一些广告商。目前许多广告公司都在转型。以前广告公司只需要把节目拿过来，做节目配比就可以，但现在广告商基本参与了电视节目的整个制作流程，从纯粹的广告公司转型为媒体运营公司，开始利用手中的资源去打造一档节目。电视台则逐步转型为播出平台。这是中国电视节目进入资本时代的显著特点。

三 电视综艺节目发展应重视价值导向与原创性

分析中国电视节目最近十年发展的脉络，文化软实力有怎样的体现，是我们更关注的问题。其中的关键是，电视节目在价值导向方面的贡献。

其一，中国电视未来发展的方向，应该是以价值观引领节目策划，扭转根据明星设计结构的思路。一档节目无论制作多么精良，明星阵容多么强大，资本投入多么多，如果节目只是娱乐快销品，缺乏正确的价值导向，是不可能做得很成功的。所谓的导向不一定是政治导向，可以基于人性，基于社会问题做节目。做节目的理想节奏是，遵循应有的价值导向，引领节目的内容，策划人员依此设计节目的结构，然后根据节目的结构去配比明星和制作团队。可是目前常见的节目制作生态是颠倒的，首先确定的是上节目的明星，然后是节目的制作团队和广告商，最后才论及节目的结构内容。这种生态亟须改变。

其二，从中国电视节目走出去的角度来说，要重视文化价值的表达。中国电视节目要具有出口的价值，在符合国内传播需求的同时，还需要有其他国家和地区喜闻乐见的价值观念与特色，否则我们的节目不可能走向世界。只是在技术上讨论模式重要还是体验重要，应该学欧美还是学韩国是不够的。在技术上升为"道"，成为中国文化体系的重要一环之后，中国电视才能真正进入"走出去"的时代。

其三，电视台应更多地支持原创电视节目，在培育原创电视节目方面有更多的耐心，有更长远的眼光。近年来影响较大的电视节目，大多是对国外节目的改编，《中国好歌曲》是少有的获得好评的原创节目。这一节目着眼于发掘中国原创歌曲及创作者，近年来产生了良好的影响。遗憾的是，在播出三季之后，因为市场利润相对较低，相关电视台放弃播出这一难得的原创节目。国家资助的公共电视台应该在扶持原创节目方面投入更多资源，更具公共性眼光。

其四，管理部门对原创节目应持更为开放的态度，政府相关文化基金应侧重投入有前景、获得广泛认可的原创电视节目。要改变中国电视节目以引进改编为主的局面，就需要中国电视制作者推出自己的原创作品。如果在节目制作方面的条条框框太多，制作者的思路会受到诸多无形的限制。开放的政策是创作繁荣的重要基础。目前中央及各地政府已经成立了各种文化产业投资基金或扶助基金，这将是文化创作走向繁荣的重要物质基础。与注重眼前利益的一般资本不同，这些基金应有意识地以市场化运作的方式，向有质量、已获得观众认可的原创电视节目投资。

中国综艺节目转型及其特征

盖 琪[*]

摘 要

近年来,中国的综艺节目进入前所未有的繁荣期。历史地看,中国综艺节目的嬗变大致经历了三个阶段。第一个阶段是20世纪90年代初,以央视《综艺大观》和《正大综艺》为代表的舞台晚会类节目占据主流。第二个阶段是从20世纪90年代末开始,以湖南卫视《快乐大本营》为代表的游戏娱乐类节目领风气之先。第三个阶段的综艺节目转型大致从2010年萌芽,直到2014~2015年浙江卫视《奔跑吧兄弟》、爱奇艺《奇葩说》、东方卫视《极限挑战》等多档现象级节目的涌现而进入高潮。

总体来看,新一轮综艺节目的转型具有两个值得强调的文化因素:首先,新一轮综艺节目的登场与地方卫视和网络视频平台的全面发展息息相关;其次,新一轮综艺节目普遍彰显出代际文化更迭的诉求。新一轮综艺节目已经呈现出来的基本特征包括:"情境化"的结构策略;"微时代"的修辞策略;"类公共空间"的潜在价值策略。

近年来,中国的综艺节目进入前所未有的繁荣期。就数量而言,据不完全统计,2015年卫视平台综艺节目已经超过200档——还不包括

---

[*] 盖琪,首都师范大学文化研究院副研究员。

由网络平台自制的"纯网综艺节目";就社会影响力而言,《非诚勿扰》《中国好声音》《我是歌手》《爸爸去哪儿》《奔跑吧兄弟》等多档节目不断引发多方关注讨论,后两者甚至进入电影院线,成为饱受争议的"现象级文本"。

关于中国综艺节目这一轮"高热"的推动因素,人们从不同的角度给出了分析阐释:模式的国际化、定位的本土化、制作水平的精良化,以及由资本逐利所形成的产业链条的成熟等。一个可能更为根本的原因是,中国综艺节目新一轮的话语转型,顺应了中国社会正在经历的深层文化变革。

一 中国综艺节目发展的三个阶段

历史地看,中国综艺节目的嬗变大致经历了三个阶段。第一个阶段是20世纪90年代初,以央视《综艺大观》和《正大综艺》为代表的舞台晚会类节目占据主流。在这一阶段,综艺节目普遍追求一种宏大的美学气质,主持人、演员、嘉宾以舞台化的、居高临下的姿态,向受众提供在当时普通人的日常生活中几乎无缘亲历的精彩表演或异国风光。这一阶段的综艺节目,总是包含着一种并不算隐晦的阅历乃至智力上的优越感,而文本外的受众在很大程度上是作为被动的观赏者存在的,是几乎"隐形"的、面目模糊的接受者。在深层文化逻辑上,这与改革开放上升阶段的"后发现代化叙事"相互映衬。

第二个阶段从20世纪90年代末开始,以湖南卫视《快乐大本营》为代表的游戏娱乐类节目领风气之先。这一阶段的综艺节目受港台综艺节目的直接影响,开始热衷于营造一种嬉闹狂欢的氛围。这一时期,曾经缺少娱乐生活的中国人开始变得有钱有闲,夜总会、KTV、酒吧等娱乐场所开始遍布中国的大小城市,这是新的娱乐文化开始形成的社会基础。这一文化体现在电视荧屏上,呈现为主持人、嘉宾外加现场观众兴奋互动的游艺"大趴体"。无论是撒娇发嗲,还是插科打诨,这一阶段的综艺节目都旨在提供工作生活重压之外的纵情欢愉。但人们知道,这些节目像KTV一样,只是日常秩序的暂停。

此后，到2005年前后，中国综艺节目的发展逐渐陷入瓶颈。虽然有湖南卫视的《超级女声》和《快乐男声》制造话题效应，但是整个电视行业的主要利润增长点和电视文艺研究的兴奋点，在一段时间内主要被电视剧占据。一直到最近几年，第三个阶段的综艺节目转型才真正开始产生规模效应，综艺节目在中国遍地开花，其整体风头远远超过了同期的电视剧。

第三个阶段的综艺节目转型，大致从2010年江苏卫视《非诚勿扰》萌芽，经过2012年浙江卫视《中国好声音》、2013年湖南卫视《我是歌手》和《爸爸去哪儿》首季播出的酝酿，直到2014~2015年浙江卫视《奔跑吧兄弟》、爱奇艺《奇葩说》、东方卫视《极限挑战》等多档现象级节目的涌现，进入全方位的高潮。总体来看，这一阶段综艺节目的转型，具有两个值得强调的文化因素。其一，新一轮综艺节目的登场，与地方卫视和网络视频平台的全面发展息息相关。播出平台的"去中心化"格局，为综艺节目及其话语的"去中心化"趋势提供了制度条件。其二，新一轮综艺节目普遍彰显出代际文化更迭的诉求。如果说第一阶段的综艺节目主要对应的是50后、60后的审美文化习惯；而第二阶段的综艺节目主要折射出的是70后、80后的审美文化倾向；那么，第三阶段的综艺节目，则标志着属于90后乃至00后的审美文化趣味正式登场。当老一辈电影人忧心于"艺术本体""艺术标准""审美感染力"的时候，新一代受众期待的却是自身独特的文化趣味被认可、被尊重，甚至可以说被谄媚。中国当代社会代际文化之间的巨大分裂，实际上是中国社会转型期社会共识不复存在的缩影。由此就更容易理解，当由《爸爸去哪儿》和《奔跑吧兄弟》改编的综艺大电影现身银幕之后，为何会引发老一辈电影人那么激烈的批判，却又为何会受到青少年粉丝那么热烈的追捧。

二 目前阶段综艺节目的新特征

与电视剧相比，综艺节目的调整更为敏感灵活。一方面，综艺节目的制作周期相对较短，制作团队也相对年轻，容易更为迅速地对时代做出反应；另一方面，综艺节目总体上属于一种"弱情节"的叙事形态，所以相对于电视剧而言，综艺节目的意识形态色彩往往较淡，针对其的内容审查机制也较宽松，这也就给了新兴综艺文化更大的成长空间。

新一轮综艺节目已经呈现的一些基本特征值得注意。

第一，"情境化"的结构策略。新一轮综艺节目的着力点并不在于"故事"，而在于"情境"。对于受众而言，这种情境既不是"与我无关"的舞台或异乡，也不是对常规秩序的叛逃或暂停，而是由强大资本打造出来的、符合年轻一代想象的"当代资本主义的日常情境"。

这些情境不是时间性的而是空间性的，它们不创造紧密的因果联系，而是致力于平行的细节展演，或者说，它们是全球资本主义空间在大众媒介上的自我生产。这些情境普遍具有浪漫、唯美、精致、时尚、诙谐、有趣，以及令人轻松愉快的特质，它们不制造大悲大喜，不需要太多的脑力投入和情感代入，而是追求一种轻质的小感动和"小确幸"。最重要的是，这些情境还必须与受众的日常生活呈现出一种强烈的关联感甚至融合感。这是这一阶段节目的文化氛围与第一阶段和第二阶段节目的最大区别。

在《极限挑战》《我们相爱吧》这样的真人秀中，我们可以看到明星出现在我们熟悉的都市空间和旅游景区中，不时与路人甲乙丙丁交流。即使是在《十二道锋味》中出现的法国、英国和意大利，对于身处全球化语境中的年轻受众而言，也不再是遥远的、可望而不可即的异乡，而是可以"想走就走"的诗意远方。这类"一半靠意外、一半靠设计"的情境化结构策略，营造的正是"与我相关"的氛围。

第二，"微时代"的文化特征。新一轮综艺节目体现出移动互联网时代的鲜明文化特征，这也正是为迎合年轻受众审美趣味所做出的选择。我们看到，来自微博、微信的网络流行语、时尚典故、视觉性表意符号，甚至软脏话和黄段子都穿插于节目之中，十分符合90后、00后肆意、不羁、随性、直接、高度个体化的表达风格。

与追求"得体""中庸""含蓄""谦和"的传统言说习惯不同，新一代年轻受众对于言说的最低要求是"不装"，即既不能装正经也不能装世故，既不能装谦虚也不能装高冷，每一种故作姿态都会直接导致他们"懒得理你"，然后在背后对你冠以"某某婊"的谑称。在高调自恋和无底线自黑之间自如切换的表达方式，往往最受他们欢迎。与此同时，他们对于言说效果的要求，是"语不惊人死不休"，普遍偏爱"雷人金句"。可以说，正是这样的一种"偏爱"，成就了江苏卫视《非诚勿扰》、东方卫视《今晚80后脱口秀》和爱奇艺《奇葩说》《晓松奇谈》的高收视率。也正是从这个角度上，才能够理解为什么拍给90后和00后看的影视作品往往不需要有严整的情节框架，而只要靠"对白"和"段子"就能赢得观众。

以《爸爸去哪儿》为例，虽说这个从韩国引进的节目模式相比欧美的节目模式而言确实更符合中国受众的伦理趣味，但是如果非要说"亲情"是吸引受众的主要原因，却有点自欺欺人。否则我们便无法解释，为什么央视的《欢乐一家亲》和《CCTV家庭幽默大赛》这类同样主打"亲情牌"的节目会"无人问津"。事实上，真正使《爸爸去哪儿》《极限挑战》《奔跑吧兄弟》《十二道锋味》流行的，是这类节目对个体化时代细腻趣味的视觉展演，是对移动互联网时代修辞方式的积极迎合。

第三，"类公共空间"的建构。到目前为止，新一轮综艺节目在价值层面上的最大贡献，就是建构了若干具有"类公共空间"意味的传媒艺术平台。在哈贝马斯看来，公共空间是现代公民理性地进行观点交锋和意见交换的场域，有利于现代民主社会的建设和良性运转。从这个角度来看，《奇葩说》《你正常吗》，甚至包括《非诚勿扰》在内都在一定程度上为当下社会中的一些热点话题提供了难得的辩论场，其中的开拓意义值得肯定。从这些节目"撕X"的表层下，我们可以体味到新一代年轻受众对于公开、理性、去等级化地进行观点交锋的渴望，这种代际心态也值得重视和引导。

但是，从另一个角度来看，我们也必须承认，目前这些新兴综艺节目所能够提供的场域的"公共性"非常有限，这也是笔者称之为"类公共空间"的原因。一方面，话题基本围绕爱情、友情和家庭伦理打转，缺乏对当前社会"真问题"的关注；另一方面，它们也同样要受制于资本的逻辑，话题设置、嘉宾言论都难以跳脱出中产阶层的口味倾向和视野局限。而上述问题的解决，只能寄希望于综艺节目转型的进一步深入。否则，仅仅依靠技术和明星去弥补文化价值上的不足，很难持久。

综艺节目的价值力道往往是无形的。平心而论，在当代社会，每个人都有保持庸俗趣味的权利，用道德标尺苛求每一档综艺节目的价值高度并无必要；但与此同时，价值观的"水位"又难免在作为整体的综艺节目大潮中凸显出来。在这个意义上，从容表达、自信表达、坦然表达、平等表达——在"撕"的张力中努力勾勒个体界限，在"秀"的喧嚣中尝试描摹世俗正义，正是这一轮综艺节目语态转型的时代意义。

图书在版编目(CIP)数据

文化决策参考.2016/首都师范大学文化研究院编.--北京：社会科学文献出版社，2018.3
　ISBN 978-7-5201-2193-4

　Ⅰ.①文⋯　Ⅱ.①首⋯　Ⅲ.①文化事业-发展-研究-北京-2016　Ⅳ.①G127.1

　中国版本图书馆CIP数据核字(2018)第016557号

文化决策参考（2016）

编　　者/首都师范大学文化研究院

出 版 人/谢寿光
项目统筹/宋月华　吴　超
责任编辑/吴　超　刘　翠

出　　版/社会科学文献出版社·人文分社（010）59367215
　　　　　地址：北京市北三环中路甲29号院华龙大厦　邮编：100029
　　　　　网址：www.ssap.com.cn
发　　行/市场营销中心（010）59367081　59367018
印　　装/三河市尚艺印装有限公司

规　　格/开　本：787mm×1092mm　1/16
　　　　　印　张：13　字　数：194千字
版　　次/2018年3月第1版　2018年3月第1次印刷
书　　号/ISBN 978-7-5201-2193-4
定　　价/89.00元

本书如有印装质量问题，请与读者服务中心（010-59367028）联系

版权所有 翻印必究